KB011917

세계와 일본의 다른 시선(사고의 괴리)

일본만 모르는
일본 이야기

타니모토 마유미 Mayumi Tanimoto

일본만 모르는
일본 이야기

펴 낸 날   2023년 05월 25일

지 은 이   타니모토 마유미
옮 긴 이   박보신
펴 낸 곳   보윤북스
출판등록   제 2021-000013호
주   소   경기도 화성시 영통로 26번길 24, 304동 1106호
전   화   031-205-3552
이 메 일   boyunbooks@naver.com

세계와 일본의 다른 시선(사고의 괴리)

일본만 모르는
일본 이야기

타니모토 마유미 지음 ｜ 박보신 옮김

소소하고 흥미로운 일본 인문서!

해외 거주 일본인이 보는 일본은?

세계와 일본의 엇갈린 시선, 당신은 무엇을 바라보는가?

Boyun books

　최근 수년 일본에서는 '일본은 대단하다고' 표현하는 TV나 잡지의 기사가 많이 등장하고 있습니다. 서점에 발길을 돌리면 '일본이 얼마만큼 대단한지'를 자랑하는 서적이 자리가 비좁다는 듯 채워져 있습니다.

　이러한 일본예찬을 강조한 TV프로나 잡지기사, 서적에서 취급하는 '대단한 일본!'에는 다음과 같은 사안들이 나열되고 있습니다.

　전 세계의 사람들은 일본인을 존경하고 있다!

　세계에서 일본인을 모르는 사람은 없다!

　일본 화장실은 세계 제일의 하이테크!

　일본 전철은 세계에서 가장 시간이 정확함!

　일본 료칸(일본 숙박 시설)의 오모테나시(환대)는 세계 제일!

일본의 거리는 세계에서 가장 청결!
일본의 음식과 요리는 세계에서 최고 레벨!
일본의 치안은 세계에서 가장 높다!
일본의 교육은 세계 최상위권!
일본의 장인이 만드는 나사는 정확성이 세계 제일!

이러한 '일본 대단해요. 콘텐츠'는 물론 진실을 베이스로 하고 있지만, 큰 의미도 없는 소재를 대충대충 가공한 가짜뉴스에 가까운 것도 적지 않습니다.

미국과 이탈리아, 영국에서 일하며 유엔 전문기관 관련 일이나 다국적기업에서 근무한 경력이 있는 저에게는 더욱이 신용할 수 없는 소재도 많다고 봅니다.

일본인은 자국이 세계에서 선진국으로, 그 사람들은 일본을 선망하고, 일본을 존경하고, 일본을 배우고 싶어 한다고 제멋대로 생각하는 것 같은데, 실은 그리 생각하는 것의 대부분이 우리 일본인에 한정된 것입니다.

실질적으로 일본은 세계적으로 많은 국가의 하나일 뿐이고, 다시 말해 중요하지 않은 국가라고 할 수밖에 없습니다.

선진국의 대학을 졸업한 고학력의 사람이라도, 그의 절반 정도는 세계지도 위에 일본이 어디에 있는지조차도 모릅니다. 일본과 북한은 땅이 맞닿아 있다고 생각하는 사람도 많이 있습니다. 게다가 중국과 일본을 구분하지 못하는 사람도 적지 않습니다.

한때는 전 세계에서 일본 자동차와 일본의 전기·전자제품 등이 대인기였습니다만, 스마트폰과 인터넷 시대인 현재, 애플이 미국회사인 것은 음바바네(에스와티니 왕국의 수도·인구 약 10만인 정도)나 카잔(러시아연방 타타르스탄 공화국의 수도·인구 약 110만인 정도)의 사람들까지도 알고 있습니다. 소니나 도시바와 같은 유명한 기업이라도 중국 회사라고 여겨질 정도입니다.

또한, 일본은 1970년대로부터 1980년대의 고도성장기가 벌써 지나가 버림으로, 경제 규모는 세계 2~3위라고 하여도, 지금은 그 기세를 찾아볼 수 없고, 내리막길을 굴러떨어지는 '사양(斜陽) 선진국' 중의 하나에 불과합니다.

방대한 국가채무를 안고 있음에도 불구하고 온 나라에 호화로운 공공시설이 즐비하고, 저출산·고령화는 가속화되고 있고, 정부는 이렇다 할 대책을 세울 수 없는 상태입니다. 2002년, 고이즈미 준이치로 총리(당시)의 방북으로 단번에 진척될 거라 여겨졌던 북한 납치사건의 문제는, 이전과 변함없이 남겨진 피해자를 수십 년간 내버려 두고 있습니다.

또한, 동맹국이라는 미국에 빨판상어처럼 그 뒤를 바짝 붙어 가고, 경제 문제를 들여다보면 미국과 중국에 금전을 강탈당하기만 하고, 말로는 용기 있는 발언을 하지만, 국제적으로는 국가 자체에 리더십이고 뭐고 아무것도 없습니다.

그러한 일본은 지금 미국과 유럽의 국제뉴스로 취급되는 경우는 거의 없고, 신문에 등장하는 일본의 안건이라면, 리얼돌이 너무 정교함, 철도역에는 흑초를 서서 마시는 스탠드가 있음 등의 삼면기사인 '세계의 놀라운 뉴스' 같은 화제가 주가 되고 있습니다.

말하자면, 일본이란 주제를 다른 나라의 시선에서 보면, 네스호의 네시라던가 뉴멕시코에 출연하는 우주인에게 유혹되었다고 하는 정도의 위치라고 봅니다. 공포를 느낄 정도로 싫어하는 것은 아닌데, 진심으로 상대해 주는 것도 아닙니다. 기껏해야 야키소바에 첨가되는 붉은 생강 정도의 것이지요.

자국이 직면한 문제조차도 해결할 수 없는데, 국내에서는 '일본 대단해! 콘텐츠'를 소비하고만 있는 일본인은, 세계에서는 얼간이 국민이라고 우습게 여겨져, 약자를 확고하게 보호해 줄 수도 없고, 적절한 저출산 대책조차도 실행할 수 없는 바보라고 야유를 듣는 처지입니다.

그렇지만, 이러한 상황은 일본 국내에 있으면 좀처럼 인지하기 어려운 것이 현실입니다.

본서는, 유럽과 일본을 빈번하게 왕복하며 살았고, 다양한 국가의 사람들과 직무를 함께해 온 저의 경험을 바탕으로 서술해 나아갑니다. 일본의 독자 여러분이 지금까지 인지하지 못하였던 '세계가 우습게 본 일본인!'의 현재를 소개하고, '일본 대단해요! 콘텐츠'에 빠져서 현실을 외면하고 평화로운 척하는 일본인에게 새로운 경종을 울려, 혼돈의 시대를 세계화의 시야로 살아가기 위한 시점·생활방식을 제시해 나아가겠습니다.

지금의 젊은 세대들에게는 이해하기 어려운 내용일지 모르지만, 우리의 부모 세대는 뒤처진 산업환경을 개선하여 수출주도형 산업을 일으키기 위해서, 가장 가까운 주변 선진국인 일본을 따라 하고 배우는 것으로 국가가 경제적으로 성장하고 물질적 풍요를 누리는 국가로의 진입을 추구하였습니다. 그러므로 한때는 일본을 동경하고 많은 선진 사례를 배우고자 많은 이들이 일본을 공부하고 그를 이행하여, 그들이 추구해 온 근대화와 공업 입국의 과정을 답습하고 유사한 산업구조를 가져가 경공업에서 시작해 중화학공업, 자동차, 조선, 반도체 등의 사업으로 기조를 전환해 나아갔습니다.

이는 해방 후 일본이 남겨놓은 산업을 유지하다가

6.25가 발발하고 전후에 근대화가 진행됩니다. 이 시대의 근대화는 서구화를 의미하는 것으로, 이미 일본의 서구화 산물을 학습하고 반영하는 과정이 있었습니다. 물론 그 후로는 세계화를 추진하고 다양한 분야의 과학기술 및 IT 신기술을 도입 발전시키고, 그 결과, 세계 10위권에 들고 그 자리를 이어가는 경제 규모를 달성하고 태평성대를 이룬 듯합니다. 이는 일본을 따라감으로 시간을 단축한 결과이지 않을까요. 물론 추론된 결과물이고 이견도 존재한다고 봅니다.

자, 그럼 일본이라는 나라는 어떠한 과정을 밟아 세계 2위의 경제 대국(현재는 중국에 밀려 3위)이 되었을까? 혹자는 수많은 우여곡절을 걸쳐 이루어낸 성과라 하고 혹자는 일본을 둘러싼 주변 환경과 여러 요인이 작용한 결과라 하겠지요.

일본은 개화기의 서구 열강에 의한 강제 개방과 메이지 유신에 의한 개혁, 2차 세계대전과 전후 재건의 시간을 거치며 집단주의적인 성향을 보입니다. 이는 그 밑바탕에 서구의 사상, 문화, 산업구조 등 서구 문명에 대한 동경이 크게 작용하고 있지 않을까요?

그리스, 로마 철학을 비롯한 서구의 철학사상을 모

토로 서구 열강의 정복 정책이나 식민지 정책을 답습하며 산업의 근대화와 국가 체계를 정비하는 단계까지 서구의 것을 빠르게 배우고 반영해 나갑니다. 그 시대는 기초과학의 연구가 필수불가결한 요건이었고, 그를 중시하여 지속해서 기초과학에 대한 투자를 이어갔고, 지대한 발전을 이룹니다. 이는 동양에서 노벨상 수상자를 가장 많이 배출하는 데 이바지한 큰 이유 중의 하나라고 생각됩니다. 이러한 집단주의적인 성향은 현재의 일본 정치나 언론 그리고 대량 생산을 담당하는 기업체에서 반복되고 있기는 합니다.

그러나 마지막에 제시한 노벨상에 이르러서는 집단주의만으로는 해석하기는 어렵습니다. 이는 집단주의의 산물인 자본의 지원이 있기는 합니다만, 개인주의와 다양성이 근간이 된 작은 성과를 인정하고 키워나가는 장인정신이 깃든 산물이라고도 할 수 있습니다.

그렇습니다. 일본은 우리가 아는 것처럼 대량 생산에 획일화된 국가만은 아닙니다. 다양성이 존재하여 다양한 성향과 성격, 관심사, 취미 등이 그들 안에 공존합니다. 예를 들자면 일본인들은 서로가 사귀기 쉽지 않습니다만, 개성을 존중하는 문화로 다양하므로 시간이 걸립니다. 오랜 시간 서로를 알아가고 친근해지면 모두를 공유하고 허심탄회한 교류가 가능합니다. 처자식 빼고 다 공유한다는 우스갯소리도 있습니다. 그리고 개인주의를 상징하는 것이 오타쿠(덕후, Mania)가 많다는 것이겠지요. 좋은 의미로 받아들였으면 합니다.

이렇게 다양성이 많은 일본인이지만, 다양한 성향과 목소리를 하나로 규합하고 통제하기 위해서 획일화된 규율과 일일이 따지는 규칙에 따라 제지받는 사회상은, 한 번 만들어진 규정과 방침을 쉽게 바꾸지 않고, 맞추어 살아가는 생활이 일반화되어 있지요. 나름의 장단점은 있다고 봅니다.

또 다른 측면에서 보자면, 토지 조건에 있다고 봅니다. 본섬인 혼슈(本州)에 세토내해(瀬戸内海)를 끼고 시코쿠(四国), 남쪽엔 규슈(九州), 그리고 홋카이도(北海道)에 저 멀리 남쪽에는 오키나와(沖縄) 제도가 있습니다. 남북으로 길게 늘어서 기후대나 토지 구성도 차이가 커서 다양성이 나타날 만도 합니다. 대한민국의 지형 지세와는 유사점과 차이점이 있습니다. 70% 전후가 산림이라는 점은 같지만, 신생대 토지인 일본은 융기와 침식을 반복한 대한민국과 달리 높디높은 준령의 산악지대와 넓은 평야 지대가 따로 따로 전개되는 여건입니다. 고저의 차가 심한 지형으로 집중호우 시에는 물이 빠르게 바다로 빠져나가기에 하천이 깊고 우리의 대형 하천과 같은 강폭이 넓은 강은 드물며, 산사태, 수해 그리고 위치상 태풍 등의 자연재해도 많습니다. 지진 및 지진해일은 말할 나위도 없습니다. 이러한 재해가 잦으면 개개인의 행동에 대한 집단적 통제가 필요하고 개인의 판단에 따른 단독 행동이 나타나기도 하겠지요.

세간에는 일본은 정치적 집단주의가 이끌어온 나라라고 인지되고 그로서 성과를 냈고, 거품경제의 붕괴로 그 정점을 넘어 흥망성쇠의 갈림길에 서 있다고 합니다. 하지만 일본은 개인주의라고도 할 수 있는 기술과 엔지니어를 존중하는 장인정신이 키워온 나라라는 의견도 존재합니다. 기술의 조금의 차이를 인정하고 키워나가 아날로그 시대의 정밀한 기술 입국을 실현하여 가전제품, 카메라, TV, 자동차 등에서 최고의 성과를 냈으며, 문화적으로도 문학이나 영화 등에서도 일정의 성과를 올리고 애니메이션에 이르러서는 지금도 많은 국가에서 읽히고 방영되고 있습니다. 그런데 그 주제나 배경은 서구의 원작이나 지역을 배경으로 한 작품들이 많았습니다. 시대의 시류를 따라간 결과지요.

자, 그럼 여기서 시사하는 바는 무엇일까를 검토하자면, 개화기로부터 지금까지 서구열강의 일원으로 인정받기를 원하는 일본으로서는 서구화를 철저히 실현하면서 이어오던 전통이나 장인정신 등을 유지하여야만 하였지요. 표면적으로는 서구의 사상과 문화, 과학기술 등을 받아들여 현지화를 추진하여 접목하는 것으로 많은 것을 얻었다고 봅니다. 하지만 서구 국가들이 어떠한 관계와 경쟁 과정을 겪어서 지금에 이르렀는지 구체적인 내부 깊숙한 사안들은 놓치고 있지 않았을까 합니다. 이는 우리에게도 시사하는 바가 큽니다. 서구열강의 변천 과정과 결과물, 그리고 우리가 참고로 한 일본의 전개 방식과 결과물, 우리가 독자적으로 추진해 온 결과물에서 새롭게 창출해 나아갈 다음 과제는 무엇일까요? 유럽과 미국 등 선진국들의 침체기, 일본의 잃어버린 30년을 따라야 하겠습니까!

작가는 미국이나 유럽의 여러 국가에서 몸소 체험한 경험을 바탕으로 서구인들의 실상에 대해 조목조목 따지고 일본인에게 경종을 울리고 일본인 개개인이 습득해 가야만 하는 사항들을 하나하나 제시하고 있습니다.

  그럼 우리는 어찌해야 할까요? 이 서책에서는 서구 국가들이 지면한 상황, 그를 동경하던 일본이 집단주의와 개인주의의 양단에서 얻고 잃은 것, 세계의 시선과 달리 일본 안에서는 보는 착시현상은 무엇인가를 보여줍니다. 일정 부분은 일본과 유사한 구조인 우리는 이를 반면교사로 삼아 다가오는 미래에 대비해야 합니다.

  일본인 중에는 현실을 직시하고 고민하는 인재들이 있고 해결하려는 노력은 이어지고 있습니다. 작금의 한일관계에서 보는 일본의 집단주의적인 정치 세력이나 일본 언론에 좌지우지되지 말고, 그 안 깊은 곳에서 우러나오는 한 지식인의 목소리를 들어보시는 것은 어떠신지요.

  박보신

| 목 차 |

제1장

'이상해요!' 일본인 BEST 7

제2장

세계는 일본을 우습게 보고 있음

제3장
세계의 사람들은 일본인의 '이것'이 매우 싫다

제4장

코미디! 만국 바보박람회

제5장
새로운 시대의 일본인이 되기 위해서

제1장

'이상해요!'
일본인 BEST 7

이상해요. 일본인 ①

'사고방식'이 비정상!

세계의 시점에서 보면 기이하게 바라보는 사고방식이 일본에는 많습니다. 일본을 방문한 외국인이 대체로 처음에 놀라는 것은, 일본인은 다양한 면에서 예의를 중시하지만, 그 예의가 너무나도 '표층적'이라는 것입니다.

✿ 곤경에 처한 사람이 가까이 있어도 돕지 않는 일본인

이 사실은 아침의 만원 열차를 상정하고 있습니다. 열

차에 올라탈 때 여러분은 대다수가 '스미마셍(미안합니다).'을 입으로는 말하고 있지만, 실제로는 주변의 사람들을 밀면서 벌어진 틈에 끼어들려는 사람들이 다수 있습니다.

이러하듯이 일본인의 '스미마셍.'은 어디까지나 형식적인 것으로, 행동이나 속마음은 실질적으로는 전혀 그렇지 않다고 말할 정도로 수반되지 않습니다. 특히, 최근 매너가 나쁘다는 소리를 듣는 중년과 중상위 연령층에 한정되지 않고, 젊은 연령층이나 깔끔하게 차려입은 여성도 같은 맥락이므로 "일본인은 예의가 바르다."라고 듣고 일본을 방문한 외국인들이 당황스러워하는 것은 무리가 없다고 봅니다.

이러한 일본의 유감 많은 이중성은 다른 장면에도 잘 나타납니다. 해외에서는 곧잘 보는 풍경입니다만, 할인마트 계산대에서 계산원과 조금이라도 대화하려 하면, 일본에서는 뒷줄의 서 있는 사람들의 낯빛이 점점 어두워집니다. 직접 화를 낸다거나 하지는 않지만, 보면 볼수록 얼굴이 상기되어 조바심을 내는 것이 눈에 보입니다.

언어를 모르는 외국인이라도, 타인의 기분은 어찌어찌 알 수 있으므로, 예의가 바르다고 알고 있던 일본인이, 실은 급한 성격이라는 것에 황당해할 것입니다.

✹ 상대의 입장을 고려하지 않는 일본인

　메일의 송수신 등 디지털 세계에서도 같은 일이 있습니다. 일본인은 이상할 정도로 형식적인 예의를 중시하는 것과 그 뒤에 실체가 따라오지 않는 경우가 많습니다.

　일례로 외국어로 쓰는 메일에도 "많은 신세를 지고 있습니다." 등의 일본식 '인사 문안'을 서두에 넣어버리는 일이 자주 발생합니다. 영어나 다른 국가의 언어로 열심히 번역하여 집어넣지만, 외국인이 읽을 때, 이 예의는 전혀 의미가 없습니다.

　이러한 메일을 본 외국인은 '도대체 이 사람, 무슨 목적일까⋯', '주문을 외우는 걸까⋯'라고 생각하며 고뇌합니다. 형식에 치우쳐 상대방의 입장은 전혀 고려하고 있지 않습니다.

✹ 일본인의 '환경 보호'는 궤변이다

　일본인의 형식주의는 습관에서도 나타납니다. 그 대표 사례로 들 수 있는 것이 답례품의 포장 방법입니다.

　직장의 동료에게 주는 만 원 정도의 것이라도, 신

중하게 포장하고 깨끗한 리본까지 달아, 몇 번이고 감싸서, 추가로 고급 종이봉투에 넣어 주기도 합니다. 상품 가격의 높고 낮음에 관계없이, 점원은 불평 한마디 없이 깔끔하게 포장해 줍니다.

대부분은 상자가 상품보다 매우 크고, 안에 들어 있는 상품이 작으므로 '쓰레기'가 돼버리는 쪽이 단연 많아지지만, 형식을 중시한 결과, 포장에 엄청난 수고와 금전을 들이고 마는 것입니다.

이러한 바보스럽고 정중한 일을 벌이는 것치고는, 대외적으로는 '환경보호'를 외치고 있기에 그 의미를 알 수 없지만, 이러한 매장의 풍경은 '여하튼 형식 준수'라는 일본인의 심리를 잘 표현하고 있다고 생각됩니다.

유럽이라면 일본처럼 정중하게 물건을 포장하는 일도 없고, 무엇보다 만 원 정도의 염가품이라면 점원도 싫은 표정이 역력할 것이며, 깨끗한 포장은 해 주지도 않습니다. 고가품을 구매했을지라도 주의 깊고 신중하게 래핑 해주는 점포는 한정되어 있고, 극히 일부의 고급 백화점입니다.

'직무 방식'이 비정상!

⋮

일본인의 직무 방식이 이상하다는 것은 30년 전이나 40년의 기간 이전부터 다양한 잡지나 TV 프로그램 등에서 몇 번이고 설명되고 있습니다. 이는 지금도 전혀 변하지 않고 있습니다. 그 상황을 간단하게 말하자면, '걸린 시간에 비하면 그 성과는 전혀 없었다.'라는 경우가 많다는 것을 들 수 있습니다.

❂ 화이트칼라의 유감스러운 생산성

일본 생산성 본부가 실시한 조사(2017년 12월)에 의하면, 생산성에 관해서는 일본은 선진 7개국 중에 최하위였습니다. 비즈니스 인구의 보수도 지금은 선진국 중에 매우 낮은 쪽으로, 어느 정도냐 하면, 헝가리나 체코의 급여에 가까워지고 있습니다.

특히 정보통신업계는 두드러져, 다른 선진국에서 일하면 지금보다 급여가 2배에서 5배에 달하는 일도 있지만, 그를 모르는 일본인이 너무나도 많습니다.

왜 일본인, 특히 화이트칼라의 생산성은 다른 선진국과 비교하여 이상하도록 낮은 걸까요? 그는 다른 선진국들과 같은 성과를 얻기 위해서라도, 꼭 필요하지도 않은 작업을 온 힘을 다해 많이 하고 있기 때문이라 생각합니다. 예를 들자면, 저의 전공이 내부 통제나 IT 거버넌스라는 분야라 기업의 감사에 관여하는 때도 있습니다만, 일본의 직무 방식은 다른 나라들과 비교하면 매우 바보스럽다고 느끼는 경우가 많습니다.

일본의 어느 기업의 경우, 사내의 사람이 정기적으로 감사를 하는 과정에서, 체크 항목이 모두 엑셀에 통합되고, 전 세계 지사에 보내지고 있었습니다. 게다가 더 놀라운 것은, 그 체크를 '수동'으로 실시한 것입니다.

'서랍에 열쇠 유무', '컴퓨터 내의 파일 삭제 여부' 등을 하나하나 눈으로 확인하여, 그를 인쇄한 엑셀 시트에 볼펜으로 체크하고, 관계자 전원의 도장을 찍어, 스캔한 후에 PDF로 만든 다음에 관련 부서에 메일로 송신하는 등의 아무 의미 없는 일을 합니다. 기업의 감사에 관여하는 일도 있지만, 여하튼 일본 기업의 직무 실행은 다른 나라와 비교해도 매우 바보스럽다고 느껴지는 일이 많습니다. 더군다나 30개 이상의 너무나도 많은 시트가 따라붙어, 파일이 깨지거나 열리지 않는 경우도 비일비재합니다.

필요한 시트를 찾는 것도 1시간 이상 걸리는 것은 보통이고, 파일이 깨져있으면 파손된 파일의 내용에 관해 알고 있는 직원을 불러 질의하고, 어떻게 해서라도 고치려고 하지만, 그에는 이틀 정도가 소요됩니다.

다시 조심스럽게 작성된 시트는 기본적으로 A3용지에 인쇄하게 되어 있지만, 프린터의 설정에 따라서 A3용지에 인쇄하기 어렵기도 합니다. 국외 지사는

A3용지를 인쇄할 수 없는 프린터가 많습니다. 본디 A3 프린터는 일본에서도 그다지 사용되지 않는 크기입니다만, 다른 나라에서도 거의 사용되지 않습니다. 그 인쇄 방법을 찾아 많은 시간을 소모하는 것도 흔하게 봅니다.

❂ 구미 선진국과 비교하여 효율성이 떨어짐

이러한 것이 미국이나 영국의 기업이라면 어떻게 될까요?

다른 국가는, 사내에 전 세계에서 상용화된 감사용 시스템이 들어있는 경우가 적지 않습니다. 감사의 체크는 그 시스템에 의해 자동으로 이루어지는 일도 있고, 사람이 직접 기재하는 경우라도, 시스템 위에서 조작하여, 몇 군데 체크를 넣으면 끝나게 되어 있습니다. 이 작업에 필요한 시간은 대체로 5~10분 정도가 되겠지요?

이러한 5~10분 정도의 작업을 수행하기 위해 일본인은 A3용지에 출력하는 대소동을 벌이고, 출장으로 며칠간 돌아오지 않는 관계자나, 우울증으로 휴가가 잦은 상사의 도장을 받는 데도 동분서주합니다.

더하여 엄청 두꺼운 작업 지시서를 읽고, 의미가 알 수 없는 부분을 해명하기 위해 작업 담당자를 찾아냅니다. 메일이나 전화로 연락하여, 프린터의 설정을 고치고, 감사를 기다려야 했던 외국인 동료의 기분을 살핍니다. 모든 것을 완료하기도 전에 어쩌면 과로사로 쓰러지지 않겠냐는 걱정까지도 하고야 맙니다. 일본인은 같은 일을 실행하는 데도 다른 선진국의 사람들과 비교하면 너무나도 헛된 작업이 많다는 알기 쉬운 실질 사례였습니다.

✿ 헛된 노력을 미덕으로 생각하는 일본인

인풋(Input)과 비교하여 아웃풋(Output)을 얻기 위한 생산량이 적으면 적을수록 노동 생산량이 증가합니다.

일본 이외의 선진국들의 경우, 일본과 비교하여 노동 시간이 짧고, 대부분의 비즈니스 인원들은 정시에 퇴근하고 유급휴가도 전부 소진합니다. 그러한 직무 방식이 가능한 것도, 작업량을 극도로 줄이고 있기 때문입니다. 헛된 일이 될 수 있으면 없애고, 시스템 등 효율화가 가능한 도구를 최대한 사용하여 업무가 편하여지도록 합니다.

일본인의 감각에서 보면 게으름을 피우는 것으로 보이지만, 생산성 향상이란 관점에서 보면 일본의 몇 배 위를 가고 있는 것입니다. 일하는 사람일지라도 일이 중첩되면 기계와 같이 곧 닳아 버리기에, 피곤해지면 생산성도 저하됩니다. 그렇게 되면 당연히 한숨도 늘게 됩니다. 조금씩 일을 줄이던지 효율화를 추구하는 것이 좋다고 생각됩니다.

하지만 일본인이란 사람들은, 같은 결과를 얻기 위해서면, 할 수만 있으면 고생하면 할수록 좋다는 생각이 앞섭니다. 기본적으로 구두쇠인 국민성이므로 도구도 별도로 구매하지 않습니다. 그 결과 현장은 피폐하고 생산성은 저하되고, 직장에 따라서는 '헛된 A3용지'가 점점 쌓여가는 것입니다.

일부러 작업 과정을 복잡화하는 것으로, 업무를 열심히 수행하고 있는 것처럼 보여주고 있는 걸까요? - 그렇지 않다고 한 번에 말할 수 없는 것이 무섭기만 합니다.

일본은 세계적으로도 풍요로운 국가로 우선적으

론 기술 입국(기술이 서 있는 나라)이 되어 있지만, 똑같이 일하는 것에 관해서는 과학적인 접근이 저 멀리 있는 이상한 국가입니다. 결과적으로는 스트레스나 장시간 노동으로 과로사도 늘어나고 있습니다.

이렇게 누구 하나도 행복하지 않은 직무 방식을 추구하고 있는 일본인의 행태를 본 외국인 중에는, '머리가 어떻게 된 거 아냐…?'라고 비웃는 사람도 있습니다.

'매스컴'이 비정상!

일본과 세계의 차이를 잘 표현하고 있는 것의 하나가, 자국의 매스컴이 '비정상적'이라는 것을 들 수 있습니다.

⚙ 구미의 매스컴은 '권력 감시기관'

다른 선진국들의 경우 매스컴이란 권력의 감시기관입니다. 그러므로 권력의 상징인 정부와 관료라고 하는 사람들과는 어느 정도 적대관계가 되기 쉽고, 비판 정신을 가지는 것은 당연한 일입니다.

어디까지나 '권력에 대해 엄히 다스리는 기관'이므로, 그곳에서 일하는 사람들은 일반적인 샐러리맨과는 제법 다른 사고방식을 추구하여도 그는 당연지사로 됩니다.

영어권의 경우에는 TV나 신문, 잡지 등, 매스컴에서 근무하는 사람들은 근무자라도, 그 사고방식은 자영업에 가까운 것이 있습니다.

매스컴에 취직한 사람들은 대학에 있을 때부터 다양한 직장에서 인턴십을 경험하고, 허드렛일을 하든지, 사람에 따라서는 1년이고 2년이고 무급으로 일하여 회사 내외에 연결고리를 만들고, 그에서 실적을 쌓아 나아가서, 그제야 인정받는 것으로 겨우 채용됩니다.

떳떳하게 매스컴에 채용되면, 많은 사람은 우선 지방에 있는 방송국이나 신문사, 도시 신문사나 작은 출판사에서 일하며, 실적 만들기에 힘씁니다. 신문의 경우라면 서명 기사를 많이 쓰는 것으로 근무 성과를 서서히 쌓아 올리는 것입니다. 이렇게 열심히 일해서 실력을 증명할 수 있게 되면, 대도시의 커다란 신문사나 출판사, 잡지사, 방송국 등에 이직,

다시 말해 스텝 업이 가능한 것이 일반적인 입신양명의 출세 코스입니다.

이렇듯 해외의 매스컴은 기본적으로 실력을 우선시하므로, 단지 경력이 길다는 것만은 전혀 의미가 없습니다. 좋은 실적을 쌓아 올리지 않으면, 우량 동업 타사에 고용되지 않습니다.

직무상의 지위나 보수도 실적을 연동시킨다고 생각할 경우, 사실상 제대로 된 직무 형태가 아닐까요?

실적이 모든 것을 대변하므로 비판적 정신이 왕성하고, 사내에서의 출세를 생각하지 않는 것은 아니지만, 경력을 쌓아 올린 그다음은 독립하여 프리랜서가 되고 높은 보수를 얻는 것인지라, 일본 매스컴의 사람들과는 사고방식이 전혀 다릅니다.

✿ 일본의 매스컴은 해고가 없다

일본의 경우는 매스컴이라 해도 채용되어 일단 회사에 들어가면, 엄청나게 큰 실수를 하지 않는 한 해고되는 경우는 흔치 않습니다. 그러므로 그 마음가짐은 저절로 공무원 같아집니다.

최우선은 특종 등을 노리지만, 기본적으로는 한 사람인 샐러리맨. 그들에게 있어서 가장 중요한 것은 저널리즘이 아닌 상사의 안색을 살피는 것입니다.

　독립이나 이직 등은 그리 생각하지 않습니다. 최근에는 경영이 어려운 매스컴 회사도 있어 이직하는 사람도 있습니다만, 영어권의 매스컴과 비교하면, 독립성이나 자주성의 사고방식과는 거리가 먼 사람들이 대부 분입니다.

　일본의 매스컴에서 흘리는 정보는, 이러한 공무원 사고방식의 사람들이 보도 내용을 만들어가는 것이므로 어디든 비슷한 내용으로, 실로 호송선단 방식. 거기에는 비판 정신이나 독창성이라는 것은 거의 없습니다.

　신문의 경우는 서명 기사가 아닌 것이 많으므로, 무엇을 쓰더라도 기자 개인의 실적이나 책임이 추궁되는 경우가 없고, 그래선지 열심히 공부하려는 기력도 하고자 하는 마음도 그다지 우러나지 않습니다.

　TV에서도 같아, 방송국의 사람들은 어디까지나 비즈니스입니다. 일본의 시청자 또한 얌전하기만 하여 비판할 패기도 없으므로, 방송국에 직접 항의하는 사람도 많지 않습니다. 따라서 일본의 시청자는 TV에서 흘려주는 정보를 무조건 신용하는 경향에 있습니다.

그러므로 경제적인 큰 사건이나 외교적으로 중요한 이벤트가 발생하고 있음에도 불구하고, 일본의 TV는 예능인의 불륜 문제나 레스토랑 등의 구르메(Gourmet, 미식가) 정보만을 방류하고 있어도, 국민의 대부분은 의문을 품지 않습니다.

　최근에는 역사적인 북미정상회담의 진행이 결정된 날에도, 일본의 TV나 신문, 온라인 톱뉴스 등에 흘러나오는 뉴스는 인기 아이돌의 음행(사회적 성도덕에서 벗어난 행위) 문제 등이었습니다. 같은 시기 미국이나 유럽의 TV나 신문, 온라인 톱뉴스 등, 그 대부분이, 다음에 실시될 북미정상회담의 행방이나 미국의 정책 동향, 혹은 시리아 정세 등이 보도의 주류였습니다.

✹ 정치 문제를 뒤로하고 예능에만 치중함

　지금의 일본에 있어서 가장 중요한 것은 경제 문제입니다. 일본 국민이 의논해야 할 문제로는 '국가의 재정 문제', '늘어만 가는 비정규직 고용자들을 어떻게 할 것인가?', '고령자의 병간호비는 어떻게 마련하는가?', '외국인 연수생을 적극적으로 받아들여야만 하는가?'라고 하는 국가의 운명을 좌지우지하는 일이 여럿 있을 것입니다.

그런데 일본의 매스컴은 아침부터 저녁까지 와이드 쇼의 틀에서 예능 관련 주제를 중심으로 취급하고, 그에 더하여 정치가들이 범한 성희롱 사태와 같은 뉴스를 지속합니다.

세상에는 정치를 필두로 그 무엇보다 더 중요한 사건이 발생하고 있음에도 불구하고, 시간 안에 해결되지 않는다는 이유로, 그 내용이 전달되는 일은 거의 없습니다.

시청자가 이러한 예능 가십거리를 요구하고 있는 것이 아니라면 매스컴의 사람들이 국민을 속일 목적으로 보기에 하찮은 일들만을 보도하고 있는 것일까?

어느 쪽인지는 확실하지 않습니다. 하지만 매스컴은 사실상 중요한 일을 진지하게 의논하지 않는 것이라면, 시청자들은 그러한 문제가 세상에 일어나고 있다는 것조차 알 수 없으므로, 비판할 수가 없습니다.

이는 다른 나라의 사람들이 보면 실로 이상한 일이어서, 이러한 비판 정신의 결여가 '일본은 풍요로움만을 갖춘 사회주의 국가'라고 불리는 커다란 이유의 하나라고 보는 것입니다.

'정치'가 비정상!

1970년대로부터 일본에서는 '경제는 일류, 정치는 삼류'라고 일컬어져 왔습니다. 하지만 최근 30년 정도는 '경제는 삼류, 정치는 육류' 정도가 되고 있지는 않은지요?

☺ 일본의 정치를 걱정하는 외국인

지금, 외국인들이 일본인을 표현할 때, 처음으로 나오는 단어는 '일본은 괜찮습니까?'가 대부분을 차지합니다. 다르게 요약하자면, '일본 정치는 정말 괜찮습니까?'라는 의미입니다. 이는 지금 제가 사는 영국뿐만이 아닌 이탈리아나 미국, 프랑스에서도 듣고 있는 내용입니다. 최근 20년 정도 일본의 정치는, 정치학, 행정학, 경제학의 상식에서 벗어난 일들을 실행하고 있기에 외국인들이 걱정하고 있는 것입니다.

일례로 경기를 자극해야만 되는데, 일본에서는 왠지 구매력과 그 행동을 억제하는 것 같은 정책으로 지금 시점이 당연하다는 듯이 소비세를 올리려 합니다. 저출산으로 인구는 늘지 않고 국력은 저하됐다고 큰 소동을 벌이고 있음에도 불구하고, 그 근본적인 원인을 수치적인 면에서 찾지 않고, 유효한 정책을 펼치지도 않고 있습니다.

대학의 석사 과정에서 통계학이나 경제 정책을 배운 사람이라면, 저출산의 원인은 장시간 노동이나 출산 연령대의 사람들의 실질적인 임금이 줄어들었다는 것, 비정규 고용의 증가로 고용의 불안전성을 안고 있기 때문이라는 것이라고 알 수 있습니다. 하지만 일본의 정치가도 관료도 이에 대한 근본적인 원인의 검토를 확실시하지 않고, 세금의 증세라는 잔재주를 부려 얼버무리고 있는 상태입니다.

아이들이 태어나지 않는다는 것은 장래에는 노동자나 소비자가 되는 사람들이 줄어들어 국가 전체가 가난하게 된다는 것을 의미합니다. 하지만 그 누구도 근본을 해결할 행동을 취하려 하지 않습니다. 노동인구가 줄어들어 고령자가 폭발적으로 증가하여 국가의 채무가 증가하고 있다고 하고 있지만, 일본 국민은 국가나 지방자치단체가 연속적으로 만들어가는 새로운 공공 시설이나 도로를 보면서, 아무런 의사도 표현하지 않는 지경에 이르고 있습니다.

✸ 정치는 무관심이면서 변기 기능을 자랑하는 일본인

이러한 쓸모없는 건물이나 도로에 들어가는 비용은 나라의 빚으로 충당하는 것이 명백하여, 이후 20년 정도 지나면 그 유지관리도 불가능해질지도 모르지만, 일본이 놓여 있는 상황과 장래를 객관적으로 상정하여 정치 문제를 진지하게 생각하고자 하는 사람은 그다지 많지 않습니다.

세금이나 사회보장비도 매년 오르고 있고, 급여의 실수령액은 줄어들고 있습니다만, 이를 세세하게 계산하여 의문을 제기하는 사람은 그리 많지는 않다고 생각합니다. 요시노야(소고기덮밥 체인)의 소고기덮밥이 100원 오른다는 뉴스가 방송되면 커다란 소동이 되지만, 자신의 소득세나 사회보장 문제에 이르러서는, 이상할 정도로 무관심입니다.

타국 사람들의 시선에서 보면, 자신의 금전이나 국가의 장래에 너무나도 무지한 일본인은, 낙관적인 사람들이라는 선을 넘어 '단순한 바보'로 보이기 쉽습니다. 그렇다고 그러한 바보스러운 일본인은 외국인에 대해 '일본의 온수 세정 기능이 있는 변기는 대단해요!'라며, 나랑은 상관없다는 듯 자랑하고 있는 것이 현실입니다.

이상해요. 일본인 ⑤

'사회'가 비정상!

· · · · · · · ·

  지금까지 소개한 대로, 일본 사회는 아주 기묘하
리만큼 정해진 규정·규칙이 넘치고 있습니다. 그 대
표적인 사례가, 일본인은 종적 사회의 관계를 매우
중시하고 있다는 것입니다. 이 '종적 사회의 관계'란
것은 도대체 무엇일까요?

✿ 곳곳에 '종적 사회'가 만연한 일본

　일본 사회에서는 개인의 역할은 장면별로 정해져 있고, 일상의 생활에서 일, 그리고 취미생활의 세계에 이르기까지, 종적 사회가 지배하고 있습니다.

　예를 들어, 일본인끼리의 모임에 나가면, 그것이 일이어도 마을의 모임이어도, 무엇인지 알 수 없으나 나이나 성별, 출신지의 속성에 의해, 그 사람의 개략적인 입장이 결정됩니다. 그리고 그에서 동떨어진 행동을 취하면 주변의 사람들로부터 빈축을 삽니다. 가장 현저하게 나타나는 것이 직장에서의 '종적 관계'입니다.

　일본의 회사라면, 젊은 신입사원이 회의 중에, 다른 사원이나 상사의 제안에 대해 다른 의견을 피력하는 일은 거의 없습니다. 위치적으로 자신보다 나이가 위라던가 경험이 풍부한 사람, 사회계층의 상부에 있는 사람에 대하여 자기 생각을 제시하는 것은 결과적으로 전체를 어지럽히는 꼴이라 생각하기 마련입니다.

　일본에 존재하는 많은 회사의 회의는 의견을 교환하는 장이 아니라, 어디까지나 얼굴도장을 찍는 의식적인 장소에 불과합니다. 본디 회의라 하면 의논하여 아이디어를 도출하는 기회입니다만, 누구도 의견을 내지 않고, 서류를 읽고 조용히 흐르다 어찌어찌 의사가 진행되어, 장시간 질질 끌려가듯이, 그렇게 끝내는 때도 있습니다.

한편, 영어권의 경우는 일본만큼은 사회적 지위에 서로가 얽매이지 않기 때문에, 회의는 언제까지나 그 명칭대로 관계자 일동이 '만나서 의논'하고 내용을 확인하는 장치입니다. 1분 1초도 허비하지 않고 활발하게 의견을 교환하는 일이 다반사입니다. 물론 그 장소의 공기를 읽는 것이나, 회사 조직 안에서 상대의 의견을 일방적으로 비판하기의 어려움은 일본과 그다지 다르지 않습니다.

그렇다면 일본과 비교해서 크게 다른 것은, 문제가 있는 부분은 깊이 접근해서 지적하고, 무언가 좋은 아이디어가 떠오르면 그를 솔직하게 발언하는 광경이 눈 앞에 펼쳐지는 것입니다.

의논이 활발하게 이어지지 않는 일본의 회의에 대해서 외국인들은 이상함을 느끼고, '일본인은 아무것도 생각하지 않는 걸까?'라고 자주 듣습니다. 하지만 좀 지나면 그들은 일본인 사이에는 강건한 사회적 상하 조직구조가 고정화되어 있어, 그 틀을 깨려고까지 해서, 의견을 피력하던지 타인에게 도전하는 것은 조화를 어지럽히는 행위이기에, 그러한 행동은 일으켜서는 안 되는 것을 인지하게 됩니다.

✿ 남녀차별이 이 정도로 심각한 것은 일본뿐

이렇듯 엄격하게 '종적 사회'인 일본은, 남녀의 성별 차이가 중요한 요인인 것은 확실한 사실입니다. 남자는 항상 남자답게 행동하라는 사고방식이 뿌리 깊고, 다른 선진국들과 비교해도 여성들이 일본 사회에서 규정된 역할에서 벗어나기 위해서는 이직도 많은 용기가 요구됩니다. 모난 돌은 커뮤니티 안에 있는 사람들에게 어딘가 다른 존재로 취급되던가, 왕따가 되기 쉽습니다. 별도로 폭력을 행사하는 것도 아닌데, 어디까지나 '그러그러하다'라는 것이지요?

특히 여성의 경우는 주위의 남성뿐만이 아닌, 동성으로부터의 압력도 상당한 것입니다. 여성스럽지 않은 복장을 한다거나, 여성 대부분이 하지 않는 직무를 수행하면, 주변의 여성으로부터 회피의 대상이 되기도 합니다. 그렇게 되면 모임에도 초청되지 않고, 자신만이 여행이나 출장에서 돌아온 동료의 기념품 또는 선물을 못 받는 일이 일상이 되어 버립니다.

그런데 다른 나라에서는, 여성 사회에서 자기 위치에 일본 정도로 속박받지 않는 곳이 많으므로, 일본인 여성이 자국 커뮤니티의 동조 압력을 회피하지 못하고 고뇌하는 모습을 아주 이상하다고 느끼는 듯합니다.

민족이나 인종이 다양한 미국이나 북부 유럽이라면, 다양한 사람들이 공존하고 있으므로 사회에서의 입장을 일본과 같이 단정 지어 결정해 버리기 어렵고, 일본인의 생각을 도입하면 전혀 규칙이 없다고 느끼는 인상입니다. 특히 그러한 지역의 사람들이 보면, 일본은 매우 불편하고 너무 엄격한 나라로 보입니다.

이상해요. 일본인 ⑥

'문화'가 비정상!

.
.
.
.
.

쿨재팬을 매우 좋아하는 일본인들은, 일본의 특수한 문화는 외국 사람들에게 매우 매력적이라고 믿고 있습니다. 하지만 실질적으로는 어떨까요.

✿ 미성년자를 성적인 대상으로 취급하는 문화가 만연?

이른바 '쿨재팬'이란, 일본의 애니메이션이 해외에서 잘 받아들여지고 있는 것, 미성년자를 포함한 아이돌에게 인기가 있을 것, 사회의 모든 곳에 '지역 캐릭터'가 존재하는 것, 서민이라도 브랜드를 소유하고 걷는 것, 외국의 요리라도 일본풍으로 재탄생 시키는 것, 비즈니스 종사자라면 자는 시간도 아껴가며 직무의 질을 추구하는 것 … 등입니다.

하지만 유감스럽게도 일본의 TV나 신문·잡지 등에서 야단법석 떠는 '쿨재팬'이란 실제로 외국인에게는 어쩐지 떨떠름하고, 단순히 기묘한 것으로 보이기도 합니다. 능력 부족이나 투쟁심 부족으로, 자국에서는 벌이가 없어, 일본까지 와서 돈벌이를 하는 외국인 노동자의 '치켜세움(Lip service)'에 일본인은 착각하고 있지만, 이러한 '일본의 특수한 문화'는 많은 외국인의 시선에서 보면, 쿨(Cool)한 면도 이국적(Exotic)인 정서도 없고, 어느 쪽이냐 하면, 자기중심적(Egocentric)이라 역겹게까지 비치기도 합니다.

가장 좋은 사례는, 보기에 따라 달라지지만, 미성년자를 성적 대상으로 취급하는 문화가 심하게 만연하고 있다는 것입니다. TV의 전원을 켜면 어리디어린 얼굴의 중학생이나 고등학생인 아이돌이, 극단적으로 짧은 치마를 입고 노래를 부르고 있습니다. 외국인이 보면 그러한 아이돌은 중학생이 아닌 초등학생 정도로 보이는 경우가 많다고 합니다.

그런데 일본에서는 그러한 여자아이들의 그라비아 잡지나 인터넷에 등장하고, 성적 매력이 있는 것으로 취급되고 있습니다. 편의점의 잡지 판매대에는 그러한 어린 여성을 게재한 잡지가 당당하게 팔리고 있고, 성인물로 분류되지도 않습니다.

코믹 마켓이나 동인지를 판매하는 서점을 들여다보면, 외국인의 감각에서는, 이같이 꼭 초등학생 같다고 생각되는 캐릭터가 만재된 성인물인 만화가 대량으로 판매되고 있고, 적잖은 나이의 연령층의 어른들이 사서 모은다는 것입니다.

다른 선진국에서는 어린 소녀들의 광고를 사용해도 소비자의 반응은 별로 없고, 아동이나 유아를 소재로 한 성적 창작물은 판매할 수가 없는 것은 물론, 범죄에 해당합니다. 이러한 일본의 광경을 보고, 커다란 충격을 받는 외국인이 매우 많습니다.

✿ 일본 전체에 존재하는 캐릭터는 필요한가?

게다가 외국인들은, 일본의 범죄율은 선진국뿐만이 아니라 세계에서 가장 낮고, 다른 선진국에서는 당연한 폭력적인 성범죄도 일본이 적다는 사실에도 충격을 받고 있습니다(매우 좋은 현상은 맞습니다만). 성적인 것으로 보일 수 있는 콘텐츠를 판타지로 즐기는 것이 사회적으로 허용되는 한편, 생활상에서 폭력적 범죄나 치안을 전혀 걱정하지 않아도 되는 일본은 아주 기묘한 국가입니다.

일본에는 일상 곳곳에 귀여운 캐릭터가 존재합니다. 관공서나 경찰서 등 '격식이 엄격한' 곳에서도, 그러한 캐릭터가 사용되고 있고, 철도나 버스, 택시, 상품 패키지, 학교, 칫솔, 양말, 화장실, 가구 등, 온갖 다양한 장소가 귀여운 캐릭터로 채워져 있습니다.

마치 일본 사회 전체가 틈새를 캐릭터로 채우지 않으면 죽어버릴 사람들만 있는 것처럼 보입니다. 어쨌든 일본에 있으면 가는 장소마다, 보는 방식에 따라서 '매력이 넘친다고는 생각할 수 없는 느낌으로 미소 짓는' 캐릭터를 회피할 수 없는 것입니다.

이러한 캐릭터의 범람은 일본만의 독자적인 것으

로, 섬뜩한 영역에 도달한 캐릭터도 많이 있습니다. 일본인은 좋은 게 좋은 것이라고 다양한 물품에 캐릭터를 사용하지만, 외국인들이 보면 그 감각은 전혀 이해할 수 없습니다.

무뚝뚝한 표정의 검은 양복을 입은 관료나 공무원들이, 어떤 캐릭터를 자신이 소속된 단체나 지자체의 이미지 캐릭터로 선택해야만 하는가? 그 내용을 끝도 없이 논의하고 있는 모습은, 어쩐지 싫다는 생각이 듭니다.

이상해요. 일본인 ⑦

'행동'이 비정상!

일본인의 '행동'은 외국인들이 보면, 매우 기묘하게 비치는 것이 적지 않습니다. 그중에서 제가 외국인들에게 자주 듣는 질문이, '왜 일본인은 '타인' 앞에서 그렇게 심한 행동을 하는 걸까?'라는 것입니다.

◈ 내 편을 중요시하는 일본인

주위가 모르는 사람들만 남게 되면, 그 장소의 규

칙을 무시하고 제멋대로 사진을 찍는다든지, 이벤트 등에서는 내가 먼저라며 주위의 사람들을 밀치고 앞으로 나아가려는 사람들이 일본에는 적지 않습니다.

물론 타국에도 비매너인 사람은 많이 있습니다. 그래도 주위의 직업 관련자나 자신이 아는 사람이 없다고 하면, 지킬과 하이드처럼 인격이 변모하고, 갑자기 무례한 사람으로 변하는 것이 일본인의 커다란 특징입니다.

다른 나라의 매너가 나쁜 사람들은, 주위에 지인이 있고 없고에 관계없이 매너가 안 좋습니다. 이 또한 커다란 문제입니다만, 일본인의 경우 시간과 장소에 따라, 그 태도가 크게 변해 외국인들을 당혹스럽게 합니다.

상대가 자신과 이해관계가 없든지 지인이 아니라면, 갑자기 대화도 차가운 내용으로 변하고, 순서를 양보하지 않는 느낌을 받을 수 있습니다. 이러한 행동은, 일본인은 '매우 친절하고 예의가 바르다'라고 듣고 있던 외국인이 본다면, 매우 놀라울 만한 일입니다.

이러한 경향은 직장에서도 아주 똑같은 상황으로 전개됩니다. 정사원끼리는 서로가 감싸주지만, 파견사원이나 계약사원, 한층 더하여 외주 스텝은 인간 취급하지 않는 사람들이 많이 있습니다.

일본인은 이른바 '자신의 마을 사람'이 아닌 인간은 어찌 돼도 좋다는 태도가 당연시됩니다. 점포의 점원이나 청소부, 웨이트리스나 웨이터, 경비원 등에 대해서도 차별적인 태도를 보이는 패거리도 적지 않습니다. 이러한 사람들은 '자신의 공동체에서 먼, 모르는 타인'이라는 인식을 하기 때문입니다.

다른 나라의 경우, 파견사원이나 계약사원, 외주 회사의 사람들이라도 어디까지나 직무 파트너이고, 역할이나 계약조건이 다르다는 이야기이므로 태도가 엄청나게 변하는 것은 아닙니다.

✿ 사회적 계층으로 인간을 차별하는 일본인

사회에 있어 계층을 매우 크게 의식하는 중동 연안 지역이나 인도라면, 일본인과 같은 태도를 보이기도 합니다만, 적어도 해외의 선진국 중에, 그중에서도 영어권에서는 일본과 같은 극도의 차별은 거의 없습니다.

오히려 파견사원이나 계약사원 등, 자신보다 더 사회적으로 약한 처지인 사람들에게 많은 팁을 주고, '일이 끝났으면 일찍 퇴근하세요.'라고 하는 등, 배려하는 쪽이 많다고 생각됩니다. 이는 자신의 관용성을 타인에게 보이는 것으로 인간관계를 원활하게 하고, 좋은 기분으로 일을 수행하고, 서비스를 얻고자 하는 태도의 발로입니다. 아무리 돈을 지급하고 있다고 해노, 상대에게는 일해 받는 것이므로, 서로가 마음이 통하는 관계를 구축하는 것이 좋지 않겠습니까?

그런데 일본인은, 직무와 서비스가 금전을 매개로 한 거래에 불과하다고 생각하는 사람들이 많다고 생각합니다. 일단 금전이 관여되면 상하 관계가 발생한다고 생각하는 사람이 많으므로, 입장이 곤란한 사람에 대해서 차별적인 취급을 하든가, 무례한 태도를 보이는 사람들이 적지 않습니다.

일본인의 이러한 태도를 들여다본 외국인들은, 그동안 알고 있던 '신중하고 친절한 일본인'의 이미지와는 크게 다르게 냉혹함과 야만적인 것에 매우 큰 충격을 받는 것입니다.

제2장

세계는 일본을
우습게 보고 있음

✿ 일본(인)에 대한 세계의 이미지, 어제·오늘

　최근 20년 정도에 '세계에서의 일본의 이미지'는 크게 변하였습니다. 1960년대로부터 일본인은 '토끼장에 사는 이코노믹 애니멀'이라 불리고, 낮은 원가에 낮은 인건비, 전쟁 때문에 생산설비가 파괴된 뒤에 도입된 최신설비를 토대로, 미국을 비롯한 선진국의 지적재산 등을 아주 싸게 사용하여 생산한 염가의 제품을 차례차례로 수출하는 것으로 매출과

이익을 높여 왔습니다.

또한, 당시의 일본은 미국에 있어서, 극동의 소련, 중국, 베트남, 라오스 등, 공산권에 대한 방어벽의 기능을 하고 있었습니다. 그 때문에 미국의 강력한 군사력의 우산 하에, 안전보장 비용의 절약이 가능하고 많은 자금을 기술개발에 투입할 수 있었던 것도 좋은 결과로 이어졌습니다.

더욱이, 당시 제조업의 기술개발 부분에서 '종사하고 있던 사람'과 이야기해 보면 잘 아는 일이지만, 당시의 일본 제조업은 해외에서 최신 자동차나 기계를 수입하여 몰래 해체하는 것으로 기술을 '훔치고' 있었습니다. 그러므로 기술자는 독일어나 영어를 '해독'하는 것도 이골이 나 있었다고 합니다. 기술문서를 읽을 수 없으면 직무를 수행할 수 없기 때문입니다. 현재 중국과 하는 일과 그다지 다르지 않습니다.

그리고 1980년대에 들어서면, 많은 자금을 손에 쥐고 세계 각지의 부동산이나 리조트를 쓸어 담듯이 사들였습니다. 미쯔비시지쇼(三菱地所)에 의한 뉴욕의 록펠러 센터 매수는 당시를 대표하는 버블(거품) 경제 시대의 전형이라고 해도 과언이 아닙니다.

이 당시 세계의 톱뉴스라 하면, 일본인이 얼마에 해

외의 대표적인 부동산을 사들이고 있었을까? 일본인 여행자가 많이 찾아와서 대량 구매하고 있습니다. 지금의 중국인에 의해 일본 국내에서 이루어지는 것은, 마치 그 당시의 일본인의 모습을 재현한 풍경인 듯합니다.

❁ 구미에서는 일본인 덕에 지역경제가 살아남

이러한 1980년대의 일본인의 느낌은 '돈다발을 손에 꼭 쥔 맹렬한 샐러리맨'이고, 제2차 세계대전의 추축국(2차 대전 중, 일본·독일·이탈리아의 삼국 동맹에 속한 나라), 닌자와 게이샤라는 자기중심적(Egocentric)인 느낌이 섞여, 많은 선진국에서는 "일본인은 이상한 문화를 지닌 경제적인 위협이다."라고 두려워할 정도였습니다.

일본이 거품경제하에 뛸 듯이 기뻐하고 있던 1980년대, 세계 각지에는 2차대전 전시에 일본인과 직접 싸운 사람들도 아직 존재하고 있었습니다. 그들 중에는 기습이나 공격에 숙련된 일본 병사들의 사나웠던 느낌과 아무렇게 돈다발을 손에 꼭 쥐고 부동산을 사모으는 일본인의 인상이 중첩되어, '정체 모를 닌자들이 자기들의 나라를 지배하려고 오려 하지는 않을까?'라고 불안하게 생각한 사람들도 있었다고 합니다.

다른 한편으로, 미국과 유럽에서는 일본인 덕분에 지역경제가 구제된 적도 있습니다. 아래에 한가지 사례를 들어 봅니다. 영국 북부에 있는 선덜랜드는 탄광이 폐쇄되어, 발전소나 철광 등, 관련 산업의 공장이 폐쇄되고, 다수의 실업자가 발생하고야 말았습니다. 그 결과, 산업구조에 유연성이 없어지고, 당시의 세계 경제의 움직임에 대응할 수 없게 되었습니다. 또한, 생산성의 저하나 강력한 노동조합의 존재도 문제의 씨앗이었습니다.

게다가 당시의 대처 정권은 선덜랜드를 비롯하여 영국 북부의 비효율적 산업을 폐쇄하고, 영국을 지식 산업 중심의 국가로 다시 태어나는 결정을 내린 것입니다만, 이는 대량 실업에 의한 지역파괴라는 아픔을 수반한 것이었습니다.

그렇다고 해도, 실업에 의한 지역의 파괴는 어떻게든 조처해야 하므로, 영국 정부는 일본 정부와 기업에 머리를 숙이고 다수의 일본 기업을 유치하였습니다. 그 목적으로 선덜랜드에는 유럽 최대라고 하는 닛산자동차 공장이 건설되었습니다.

그리고 닛산뿐만이 아닌 고마쓰 등의 기업이 진출

하여, 고용 창출에 커다란 공헌을 하였습니다. 이렇게 이 지역(선덜랜드)은 일본의 기업에 의해 구제된 것입니다. 이는 미국에서도 똑같아, 벽촌에 일본기업이 진출하는 것으로, 지역에 새로운 고용을 창출해나아간 시대도 있었습니다.

✿ 외국영화에 표현된 정체를 알 수 없는 일본인

세계에 있어서 일본의 이미지는 당시의 각국의 영화나 드라마를 보면 잘 알 수 있습니다. 미국 영화의 경우, 당시 많이 제작된 B급이나 C급의 닌자 영화에, 정체를 알 수 없는 복장(유도 도복 착용)에 몸을 감싸고 괴성을 지르는 일본인이라든가 매우 화려한 색을 입힌 장식의 닌자가 많이 등장합니다. 이는 경제력을 얻은 일본인의 이미지를 그대로 반영한 것이겠지요? 당시의 미국 제조업은 현저하게 정체되어 있었으므로, 외부에서 찾아오는 최신기술과 제휴하여 풍족한 일본인이란? 닌자와 같은 정체를 알 수 없는 사람들이었습니다.

그렇게 해외로 진출한 일본인이 다른 나라 사람들과

의 접촉을 늘려가는 것에 따라서, 일본의 문화는 매우 자기중심적 경향인 것으로 알려지게 되었습니다.

미국을 중심으로 한 선진국에 초밥이 퍼져나가고, 유도나 가라테와 같은 것도, 잘 알려지게 되었습니다. 이러한 일본 문화는 조금은 두려운 이미지도 있지만, 서양의 문명과는 근본적으로 달라, 매우 매력적으로 비칩니다.

1960년대로부터 80년대에 걸쳐서 일본의 경제적인 영향력이 증대함과 동시에 일본은 미국을 비롯하여 서양 각국의 비주얼 이미지 문화에 커다란 자극을 주게 되었습니다. 영국의 비주얼 문화나 음악이 미국에 커다란 변화를 끼친 'The British Invasion(영국의 침략)'에 비유하여, 이러한 일본의 영향력을 'The Japanese Invasion(일본의 침략)'이라 외치는 일까지 있었습니다.

✿ 예전에는 '쿨한 미래국가' 이미지였던 일본

1960년대에는 구로사와 아키라 감독의 작품을 비롯한 수많은 '사무라이 영화'가 해외에 소개되고, 미국 영화의 거장 스티븐 스필버그 등을 애호하는 영화광인 젊은 층은 서양 세계의 예정 조화인 줄거리나 양식과는 전혀 다른 일본의 문화에 커다란 영향을 받아 왔습니다.

또한, 「스타워즈」의 감독인 조지 루커스는 원래는 그리스도교였지만, 지금은 일본 불교에 커다란 영향을 받는 불교 신도입니다.

그는 구로사와 영화의 줄거리를 바탕으로, "스타워즈의 줄거리를 써 내려갔고, 미후네 도시로(영화배우)가 오비완 캐노피 역할에 오퍼가 있었다는 것은 잘 알려진 사실입니다. 스티브 잡스도 불교에 몰두하여, 명상에 빠져 있었을 정도입니다. 애플의 제품은 일본의 불교 이미지에서 단순함을 추구하고, 영어권의 가전이나 컴퓨터와는 전혀 다른 세계관을 만들어 냈습니다.

시카고 출신의 록 밴드인 Styx(스틱스)가 1983년에 발표한 콘셉트 앨범 『Kilroy Was Here』에는 「Mr. Roboto(미스터 로보토)」 노래가 수록되어 있습니다. 이 곡의 서두에 일본어로 '도모 아리가또 미스터 로보토'라는 메시지가 전자음으로 수록되어 있습니다. 미래를 앞서가는 그런 일본 이미지의 곡을 반영한 것입니다.

같은 무렵, 극장에서 공개된 영화 「블레이드 러너」의 도입부 부분에서, 주인공을 연기하는 해리슨 포드는 산성비가 끝없이 퍼붓는 미래의 로스앤젤레스를 상정한 포장마차에서 우동을 먹고, 마을의 빌딩에는 '강력한 와카모토'라는 광고가 게재되어 있습니다.

네온이 빛나는 미래의 미국은, 오사카의 도톤보리나 신주쿠의 가부키초 느낌 그 자체, 당시의 미국에 있어서 일본은, 미래국가를 상정하여 무언가 쿨하고 이상한 나라였던 것입니다.

✿ 소수 집단의 '희망의 별'이었던 일본

역시 1980년대를 풍미했던 「베스트 키드」라는 영화는 멕시코계 홀어머니 곁에서 자란 마음 약한 소년이, 오키나와 출신의 일본계 교포인 미스터 미야기로부터 가라테를 배우고, 못살게 구는 아이를 혼내 주는 줄거리입니다. 여기에 등장하는 미야기는 가라테의 달인입니다만, 영어는 그다지 뛰어나지 않고 많이 구사하지도 않습니다. 이 영화는 현재, 40대 이후의 사람들에게 있어서는 매우 추억에 젖을

작품이고, 아직도 팬 커뮤니티가 존재할 정도입니다.

주목할 만한 것은 A급 영화임에도 불구하고, 인종적 소수파였던 멕시코계가 주인공이 되고, 미스터 미야기를 상징하는 일본인이, 정의, 선, 가족애를 대표하고 있다는 것입니다. 인종적 소수파인 멕시코계가 이상한 일본인과 친자처럼 가까운 사제관계에서 무도를 배우고, 증오하는 적(백인)을 해치우는 것입니다.

이러한 인종적 소수파가 입신양명해 나아가는 구조는, 이탈리아계 미국인이 권투로 사회적 성공자가 되는 영화 「록키」와 동일 선상에 있습니다. 그런데 서양 문화란 명확하게 이질적이어서, 한때는 적대국이어도, 그 후에 경제 대국이 된 일본의 문화가 억지로 들어간 것으로, '다른 문화로도 이길 수 있다.' 라는 상징적인 메시지가 전달되고 있습니다. 과거의 일본은 이질적이고 위협적이었었다면, 미국의 소수파에는 희망의 별이란 인상도 있었던 것입니다.

1980년대의 영국에서는 일본 드라마 「서유기」가 지상파에서 방영되어, 크게 인기를 얻었습니다. 이 일본 드라마는 영국에서는 현재도 DVD가 팔리고 있을 정도로 컬트적 인기를 구가하고 있습니다. 당시의 일본 인기 밴드였던 고다이고(GODIEGO)가 연주했던 주제가도 그대로 방송되었고, 출연하였던 사카이 마사아키(배우) 씨나 니시다 도시유키(배우) 씨는 지금의 와타나베 켄(배우)보다 지명도가 높았던 것이지요. 영어권의 드라마와는 전혀 다른 연출, 줄거리 전개, 캐릭터에 많은 어린이가 매료된 것입니다.

또 『장군(SHOGUN)』이라는 소설을 베이스로 한 일본을 무대로 하는 드라마도, 그 후에 미국과 합작으로 영화화되어, 미국과 유럽에서 아주 인기가 많았습니다. 미국에 비하면 유행이 느린 인상이 있는 영국에 있어서도, 일본적인 것은 그 어떤 것보다 쿨하고, 날카로운 최첨단의 것이었습니다.

동기간의 프랑스나 이탈리아에서는 TV 방송의 다채널화가 진행되었으며, 그 틀을 메우기 위해서 일본의 애니메이션이 대량으로 방영됩니다. 그렇게 지금의 30대 후반으로부터 50대의 외국인들은 일본의 하위문화(Subculture)에 듬뿍 빠지게 됩니다.

당시의 유럽대륙에는 일본인에 대한 각별한 생각이 있었던 사람들은 많지는 않지만, 일본 애니메이션을 대량으로 방영하게 된 이유는 가격이 싸다는 점에 그치지 않고, 역시 일본에 대한 흥미가 있었기 때문은 아닐까요?

✿ 거품 붕괴로 급변한 일본(인)의 이미지

그런데, 거품경제가 붕괴하면서 일본의 이미지는 크게 바뀝니다. 해외의 미디어에는 일본의 채권처리 문제나 금융 긴축정책이 매일같이 등장하고, 일본에 관한 긍정적인 보도는 점점 줄어들기만 합니다. 애초에 일본으로부터 진취적인 자료가 흘러들어오지 않았기 때문에 전할 수 없었던 것입니다.

이 무렵, "일본이 해외의 부동산을 여기저기 사 모으고 있다."라는 뉴스를 대신해서 화제가 되기 시작한 것이 일본의 채권처리에는 야쿠자(폭력 조직)가 관련되었다거나, 일본 기업 내부 부정행위의 발각이나 여성의 성차별 등과 같은 일본의 구조적 문제였습니다.

특히, 2000년 이후는 이름 있는 대기업에 의한 금전 스캔들과 일본을 대표하는 기업의 내부고발과 부정 등의 의혹이 크게 주목받게 되었습니다. 또한, 일본에 관한 보도로 국내외에 커다란 영향이 있었던 것은, 역시 2011년 동일본대지진은 아닐까요? 일본에서 발생하는 자연재해는 항상 세계인의 간담을 서늘하게 하지만, 무엇보다 더 놀라운 것은 후쿠시마 제1원자력발전소에 관한 다양한 뉴스였습니다.

'복구가 경이적으로 빠르고 도로가 수일 내에 복구되었다.', '재해가 있었는데 폭동으로 전개되지 않고 질서가 유지됐다.'라는 등의 긍정적인 뉴스도 있었습니다만, 이 이상으로 주목받은 것은, 원자력발전소에서 근무하는 사람들에 대한 냉혹한 처사와 사고를 유발한 관계자가 처벌받지 않은 것, 재난 피해자에 대한 지원이 불충분한 것 등이었습니다.

그 전후에 보도되고 있었던 기업의 거듭되는 부정사례의 발각 등과 합하여, 이 무렵의 일본의 이미지는 매우 나쁜 쪽으로 진행되었다고 할 수 있습니다. 거품경제가 붕괴하기까지의 일본은, 세계 경제를 선도하고 미래를 상징하는 빤짝빤짝 빛나는 나라였습니다만, 지금은 재해로 비참한 상황에 있는 사람들을 홀대하는 나라입니다.

❋ 원전 사고로 해외 관광객이 일본을 회피함

원전 사고로 일본의 대응이라 하면, 노숙자나 외국인 연수생을 '기만하고' 일을 시킨 후에 전혀 모르는 척하는 것입니다. 책임자는 거액의 퇴직금을 받지만, 책임을 지지 않고 도망치는 꼴이고, 과거의 일본과는 그 차이가 너무나도 심각해 보입니다.

유감입니다만, 2018년 현재에도 '후쿠시마의 오염이 무서워서 일본에는 가고 싶지 않아.'라고 말하는 외국인이 다수 존재합니다. 일본 국내에서는 후쿠시마 제1원전 사고는 이미 끝났다고 보고 있지만, 아직은 해외에서의 관심이 적지 않아 보입니다.

특히, 유럽의 경우는 난방비가 좀 비싸다고 해도 중동이나 러시아에 자원을 의지하는 것은 정치적인 위험성을 고려하기 때문에 대체 에너지 활용에 열중합니다만, 원전은 그 위험성과 비용 문제로 미래를 담당하는 주요한 에너지는 아니라고 생각하는 사람들이 많이 있습니다.

재해 국가인 일본이 어떠한 위험성 회피를 위한 대책을 실시하고, 비용 문제를 어떻게 해결하는가에 대해 세계로부터 높은 주목을 받고 있습니다.

✿ 실은 세계에서 전혀 주목받지 못하는 일본인

일본의 사건들이 세계 각지에서 잘 알려지게는 되

었습니다. 특히 대지진으로 파생된 커다란 지진해일 피해와 원전 사고는 세계를 흔드는 커다란 일대의 토픽이었습니다.

하지만, 해외의 사람들이 생각하는 일본의 이미지는, 최근 일본에서 유행하는 '일본 대단해요!'가 주류인 TV 프로그램에 방영된 것 같은 '해외에서 주목받는 나라'는 절대 아닙니다. 어디까지나 그것 중 하나(One of them)이고, 수많은 국가 중의 하나일 뿐입니다.

게다가 어떠한 나라에서도 똑같은 내용을 말할 수 있습니다만, 외국에 관한 사항을 잘 알고 있는 사람들은 교육 레벨이 높은 사람들, 해외와 교류가 많은 사람, 더하여 호기심이 많아 해외에 흥미가 많은 사람에 한정됩니다.

전에도 쓴 적이 있지만, 미국이나 유럽의 대도시여도, 나라 밖에 흥미가 없는 사람들의 경우에는 일본과 중국의 차이도 모릅니다. 대학을 나온 고학력의 사람이라도, 일본과 북한이 육지로 이어진다고 믿고 있는 사람도 있습니다.

그러한 일반적인 레벨의 사람들은 일본의 편의점이 얼마나 편리하고, 일상생활에 밀착되고 있는가에 대한 것은 흥미가 없고, 한층 더하여 일본 헌법 제9

조(전쟁의 포기, 전력 및 교전권 부인)가 어떻게 되든지 아무런 관심이 없습니다. 미군이 일본 각지에 주둔하고 있는 그것조차 모르는 사람들이 많은 수를 차지합니다. 그리고 또 뭐가 있을까요? 일본인 대다수가 서양식 주거에 살고 있다는 것도 모르는 외국인도 많이 있습니다.

역으로 일본 안에서 보면, 체코슬로바키아와 리투아니아가 도대체 어디에 있는시 알 수 없습니다. 프랑스인과 영국인의 구분을 할 수 있는 사람은 그리 많지 않을 것이며, 리투아니아와 러시아인에 이르면 그 차이를 아는 사람은 당연히 적을 것입니다.

또한, 구미 사람들에게 있어서는, 안타깝게도 동아시아인에 대해서는 그다지 좋은 인상을 받지 않는 사람도 있습니다. 특히 유럽의 경우에는, 그다지 유복하지 않고, 교육 레벨이 낮은 사람들이 많은 지역에서 차별의식이 현저합니다.

이러한 지역은 동양인에 대해서만이 아닌, 외국인 전체에 대해서 배타적이고, 같은 나라의 사람일지라도, 어딘가 먼 지역에서 온 사람들에 대해서는 차별적입니다.

이는 과거 일본의 에도시대와 같은 느낌이라고 생

각하시면 됩니다. 얼굴 생김새나 문화가 전혀 다른 동양인이 대상이라면, 어찌됐든 배타성이 강해지는 것입니다. 이탈리아에서도 시골이나 상태가 안 좋은 지역은, 차 안에서 '치네제(중국인)'라고 큰소리로 불리고, 점포나 온천 등에서 발길질을 당하는 일도 있습니다. 이는 제가 실제로 체험한 일입니다. 잘사는 지역에서는 있을 수 없는 일입니다.

✪ '일본의 악'을 취급하는 구미의 보도

최근 20년 정도, 미국이나 유럽 각국의 미디어가 일본에 관한 내용을 보도할 때 부정적인 화제가 많습니다. 반일이라든지 일본이 싫다든가, 의도적으로 누군가의 음모라고는 할 수 없습니다. 하지만, 무슨 이유인지 좋지 않은 화제들만이 눈에 띕니다.

1970~1980년대에 일본인의 대부분이 체험한 일본의 힘과 비교하면, '현재 일본의 쇠락은 굉장한 차이로 비치기 때문에 …'라는 이유겠지요?

구미의 프로그램에서 꼭 다루는 것은, 일본의 저출산 고령화 문제입니다. 왜 다른 나라가 일본의 저출산 고령화에 주목하고 있는지를 보면, 세계에서 가장 빠르게 고령화가 진행되고 있는 국가이기 때문입니다. 물론 단지 그것만이 아닌, 저출산 고령화는 선진국 공통의 화제이고, 일본이 이 문제를 정책적으로, 경제적인 측면을 어떻게 해결할까에 대해 매우 주목하고 있기 때문입니다.

하지만, 다른 선진국들의 출산율은 일본만큼 낮지 않습니다. 많은 나라에서는 젊은 인구도 늘어나고 있습니다만, 미국이나 영국, 프랑스의 사례에서 보면 알 수 있듯이, 실은 이들 국가의 인구 증가는, 출생 연령층에 해당하는 젊은 세대의 이민으로 지탱되고 있는 것입니다.

원래부터 현지에 사는 중류층 이상의 사람들은 일본과 같은 저출산 경향이고 독신도 많습니다. 아이도 한 명이나 두 명이 일반적이며, 생활비나 교육비의 급등과 그에 더하여 고용의 불안정화는 이쪽도 일본과 차이가 없어, 지금은 결혼 자체가 사치일 정도입니다.

이탈리아나 스페인의 경우 등은 젊은 나이에 정사원이 되는 것은 일본보다 훨씬 어렵고, 40대가 되어도 부모와 동거하는 사람이 적지 않습니다. 평균수명은 어느 나라도 점점 늘어나고 있으므로 고령화도 진행되고 있습니다.

또한, 일본과 달리, 미국과 북유럽은 많은 이민을 받아들이고 있으므로 인구의 유입이 많고, 게다가 이민자의 출산으로 인구의 증가로 인하여, 토지의 수요가 많아지고, 부동산 가격도 상승하고 있습니다.

그렇다고 해도 저출산이나 고령화는 근본적으로 해결되고 있지 않기 때문에 '저출산 고령화 선진국'이라 비아냥대듯이 일본의 사례를 참고로 하고 싶다는 사람이 많은 것 같습니다.

❀ '반면교사'의 대상인 일본

저출산 고령화 문제의 다음으로 일본이 화제로 등장하는 것이, 거품(버블)경제기의 채권처리와 그 후의 발전에 대해서입니다. 2008년에 발생한 리먼쇼크에선, 금융시스템의 붕괴가 커다란 문제가 되었습니다. 그리고 많은 국가가 금융시장에 있어서 통화정책의 시정으로 움직이기 시작했습니다.

또한, 그 반대로 이상한 금융상품이 시장에 돌아다녀 곤란을 초래한 것도 사실입니다. 일본의 거품

경제 기간의 채권처리에 비하면 진정성 있게 대처했지만, 금융시스템 안전성의 재검토가 요구될 만한 사건이었습니다.

일본은 거품경제 후의 채권처리로 금융기관의 일 처리가 신중해졌기에, 타국과 비교하면 리먼쇼크의 영향이 적었던 것은 불행 중 다행입니다. 여기서 특별히 말할 수 있는 것은, 미국이나 북유럽의 국가들이 일본의 거품경제 붕괴 이후 최근 20년의 정체(제자리걸음)를 '반면교사'로 삼고 있다는 점입니다.

거품경제 붕괴 후의 일본에서는 기업이 활성화되지 않고, 화이트칼라의 생산성은 정체되고 있어 혁신이 일어나지 않고 있습니다. 많은 기업은 고도성장기에 축적해 둔 '저축'으로 먹고 살아가고 있는 상황으로, 직무의 형태도 크게 변하지 않고 있고, 세계를 석권할 기업도 일본에서는 나오지 않았습니다.

원인은 무엇일까요? 우선, 고도성장기의 일본은 커다란 경제성장을 이루었다. '외적 요인'을 열거해 봅니다.

- 방위비의 상당한 부분을 미국에 의존할 수 있었다.

- 전쟁(2차 세계대전)에 의해 생산수단이 철저하게 파괴돼 새로운 생산설비의 도입이 가능해졌다.
- 미국 등, 타국을 모방하는 것으로, 새로운 기술의 도입이 가능해졌다.
- 젊은 인구가 많았다.
- 자원가격이 지금보다 저가격이었다.
- 환율이 일본에 유리했다.

일본이 고도성장기를 완수해낸 것은, 이러한 '외부 요인'이 분명히 존재했습니다. 하지만 무엇보다 당시는 일본인의 기업가 정신이 왕성하여, 창업 구상이나 기술 도입에 의한 생산성이 폭발적으로 증대했다는 '내부 요인'도 있었습니다.

그런데, '왜 현재의 일본은 이렇게 정체되고 말았을까?'라는 것이 해외 각국에 있어서 연구과제로 매우 흥미를 유발합니다. 결국은, 리먼쇼크의 커다란 영향을 받은 해외에서는, 거품경제 붕괴 후의 일본과 같이 실시하게 되면 경제가 정체되어, 생산성이 낮아지고 기업가의 의욕이 떨어진다. 그렇게 세계는 생각하고 있습니다.

그런데 지금의 일본인은, 해외의 사람들이 이렇게

엄격한 시선으로 보고 있다는 사실을 알지 못하고, TV 프로그램이 전하는 그대로 받아들이고 있습니다.

❀ 외국인에게 무시당한 일본

예전엔 동경의 대상이었던 일본, 지금은 '몰락한 불쌍한 나라'라는 이미지입니다. 그러한 변화를 잘 알 수 있는 것이, 세계 각국 인터넷상의 반응입니다.

특히 젊은 층이나 아이들 사이에서는 지금의 인터넷에서 얻는 정보는 동영상이 중심이며, 인터넷 동영상의 세계에서 일본이 어떻게 취급되고 있는지를 보는 것으로 일본의 이미지를 알 수 있습니다.

인터넷 동영상 세계에는 일본인을 비웃는 많은 외국인이 존재합니다. 그를 대표하는 하나가, 유튜브 동영상 제공자인 로건 폴에 의한 '아오키가하라 밀림의 유해' 사건입니다. 로건 폴은 미국에서 유명한 유튜버로서 다양한 장난 동영상을 투고하여 방대한 조회수를 기록하며 적지 않은 수입을 올리고 있습니다. 아이들 사이에서는 대인기입니다만, 그 장난이 워낙 과격하고 상스러워서 내 아이가 흉내 낼까 걱정하는 부모도 적지 않습니다.

그런 상황을 투영하면 그에게 일본은 최적의 비난 대상입니다. 일본에 와서 촬영한 장난 동영상이 여러 개 있습니다. 일례로 나일론으로 제작된 여성용 얇은 기모노를 착용하고 도쿄에서 범죄에 가까운 장난을 반복하고 있었습니다.

그 외에도 생물인 문어나 활어를 도쿄 번화가에서 달리는 자동차에 던지고, 시부야(도쿄의 도시거점 중 하나)의 교통량이 많은 도로 바닥을 굴러다니며, 카페 창에 살아있는 생선을 붙이고, 생선을 든 손으로 상점 상품을 만지고, 츠키지 시장(도쿄 최대 생선 시장)에서 작업 중인 지게차에 올라타는 등, 그 자체가 엄청나게 큰 소동입니다. 당연하지만 시장 상인들은 화를 내고야 말지만, 그 영상도 동영상 사이트에 업로드되는 상황입니다.

더욱이 아오키가하라 밀림에 탐험하러 가서 자살한 지 얼마 지나지 않은 사람의 시신을 촬영해서는 "무서워, 무서워."라고 조롱하며 일반 대중에게 공개하였습니다. 그들의 다수의 어린 팬이 삭제 전의 동영상을 보았기 때문에 많은 비난이 쇄도했습니다.

✿ 몸이 작고 이의제기가 없는 동양인

일본에서 촬영된 그의 동영상을 보면, 그다지 교육 레벨이 높지 않은 외국인이 일본에 대해서 어떠한 감정을 품고 있을까를 잘 알 수 있습니다.

로건 폴은 오하이오 출신이며 이른바 '촌사람'으로, 교육 수준이 전혀 높지 않은 극히 일반적인 미국인이라 봐도 됩니다. 그러한 사람들에게 일본인은 물론 동양인에 대한 전반적 인식은 '몸이 작고 이의제기가 없는, 조금은 기묘한 인종'이라고 각인되고 있는 것입니다.

이는 미국에 거주하는 동양계 사람들에 대한 이미지도 같아, 동양계 미국인은 체구도 작고 백인과 비교하면 투쟁심도 그다지 없고, 부모나 조부모의 가정교육이 엄격하여 폭력을 행사하는 일이 거의 없어, 얌전한 사람이 많습니다.

그 전형적인 이미지는 '운동을 싫어하는 공붓벌레' 타입이라 표현하면 될까요. 현실 생활에 충실한 체육회 사람이 스쿨 카스트의 정점인 미국에서는 운동을 싫어하는 공붓벌레나 오타쿠(일본 고유어: 마니아, 집착증자)는 일본이나 동아시아와 비교하여 인권 등은 거의 없는 것과 같은 존재일 경우도 많습니다. 그 카테고리에 들어가 버리는 동양인은 이미 놀림의 대상으로, 스쿨 카스트의 최저점에 있다고 해도 과언이 아닙니다.

또한, 동양인은 흑인이나 히스패닉과 비교하면, 그 수가 적으므로, 조직화한 압력단체도 많지 않습니다. 그러므로 아무리 노력해도 정치력이 약하고, 차별적인 말을 듣던가, 농담처럼 말해놓고 차별하는 예도 다반사입니다. 어쨌든 동양인은 그러한 이미지가 주가 되고 있으므로, 그다지 교육의 수준이 높지 않은 미국의 다수파(Majority)에는 쉽게 보이는 측면도 있는 것입니다.

그러므로 로건 폴 등은 '미국이나 유럽에서는 절대로 하지 않는 장난을 일본에서 수행하고, 사망한 분의 시신을 비디오로 촬영하는 것이 가능했다.', '이렇게 우리 일본인을 곤란하게 한다든지 화나게 하면서 즐기고 있다.' 자기들과는 같은 사람이라 여기지 않기에 실행되는 폭거는 아닐까요?

❊ '성실하지만 얼간이'라는 이중성을 지닌 일본인

언어가 다르고 얼굴 생김새가 다르다. 그리고 미국의 내륙에서는 절대로 먹지 않는 정체를 알 수 없는 해산물을 많이 먹는 일본인은, 그들이 보면 매우 기묘한 사람들입니다. 예를 들자면 생선이라 하면 그들에게는 비린내 나는 것일 뿐이고, 생선 냄새는 좋지 않은 의미로 쓰입니다.

그래서 장난이라 해도 생선을 사람에게 던지는 것은 모욕의 의미가 있다. 그런 생선을 고맙게 생각하고 섭취하는 일본인은 교실 모퉁이에서 공부에만 열중하고 있고, 의미 불명의 숫자나 프로그래밍에 관한 논의를 하고 있다. 동양계 공붓벌레들과 같은 이상한 놈들이라는 이미지입니다.

만약에 돌아가신 분의 유해가 미국이나 유럽의 백인이었다면 그들은 같은 행동을 하며 촬영할 수는 없었을 것입니다. 그런데 일본인의 유해는 소홀히 취급한다. 일본인은 얌전하고 외국인에 대해서도 관용을 베풀 것이고, 점포의 사람들이나 거리의 통행인들도 소송을 일으키지도 않을 것이며, 멱살을 잡고 주먹질하는 상황도 거의 없습니다.

하지만 같은 행동을 미국에서 실행하면 총에 맞을지도 모르고, 유럽이라면 그 자리에서 바닥에 짓눌려 두들겨 맞을 가능성이 클 것입니다. 대체로 다른 선진국들은 치안이 안 좋은 곳이 많고, 다른 지역 방문자가 발을 들이는 순간에 주의를 듣는 일도 있습니다. 이러한 반응이 당연하기에, 일본인의 겸손이나 여행객에 대한 관용은 '무슨 일이 일어나도 받아들여진다.', '반격할 기력이 없는 유약한 놈들'이라 생각하게 되는 것입니다.

일본에는 치안이 좋아 무서운 장소도 없고, 일반인들도 실로 얌전하며 마음 씀씀이도 상냥하므로, 그들은 그를 잘 숙지한 상태에서 하고 싶은 대로 악용하고 있는 것입니다.

일본인의 이러한 인간미나 얌전한 성향은, 온라인의 동영상을 거쳐 세계적으로 퍼져나갑니다. 그 자체는 훌륭한 일입니다. 미덕이라고 칭송하는 사람들이 한편을 메우지만, 그에 반해 다른 한편으로 일본인은 얼간이라고 치부하고 악용하는 녀석들도 있다는 것도 알아두는 것이 현명하다고 생각됩니다.

제3장

세계의 사람들은
일본인의 '이것'이
매우 싫다

✿ 어디가 환대(오모테나시)인가!

전 세계의 사람들에게 있어서 일본인의 이상한 면을 들여다볼 수 있는 대표 사례로, 도가 지나친 과잉 환대(오모테나시)가 있습니다.

2번째의 개최가 결정된 동경올림픽을 유치한 후에, 크게 선전되고 있는 환대(오모테나시)라는 것은, 의당 일본의 미덕인 것 같은 느낌입니다만, 이것이 '일본 대단해!' 프로그램의 소재로 등장하고 있습니다. 그런데 이 오모테나시라는 것은 솔직히 말하자면 일본인의 한턱낸다는 일면이 반영되어 있음에 지나지 않습니다.

원래 일본의 오모테나시는 상대가 생각하고 있는 것이나 희망하고 있는 것을 대접하고자 하는 쪽에서 어느 정도 추측하여 먼저 해주거나 서비스한다는 것을 뜻합니다. 즉, 눈치를 보거나 상대가 생각하고 있는 것을 살피는 것으로, 말하자면 남의 마음을 미루어 헤아린다는 뜻입니다.

이것은 일본 사회에 있어서는 상대가 자기의 마음을 참작하여 주었다. 신경 써서 무언가를 해준다는 의미로 대단히 기쁜 일이라고 생각할 수 있습니다만 문화도 언어도 전혀 다른 곳에서는 그렇게 받아들여지지 않는 경우도 많이 있습니다.

그 이유는 무엇일까요? 다양한 인권과 여러 종교의 신자들이 있는 곳에서는 상대가 바라는 것과 추측하여 마음을 헤아려 준다는 것은 상당히 어렵기 때문입니다.

먹는 음식 하나를 들여봐도 일본에서는 요리하는 사람이 모든 음식의 간을 합니다. 손님들로 대부분 나온 음식에 별도로 맛을 추가하거나 하지 않고 그

대로 먹는 경우가 많습니다. 이러한 것이 일반적이고 당연한 것처럼 되어 있습니다.

하지만 이런 방식으로 먹지 않는 문화권도 당연히 존재한다는 것입니다. 북유럽의 경우는 음식의 간은 먹는 사람 각자가 기호에 맞게 하는 것을 좋아하는 편이어서 요리하는 단계에서는 음식의 간을 최소화하며 테이블에서 소금, 후추, 케첩, 머스터드 소스 등을 첨가하여 자신의 입맛에 맞게 조절합니다.

그러한 이유로 일본처럼 채소 조림과 데친 채소의 간장 무침 같은 것은 처음부터 간이 되어 나오기에 자기 입맛에 맞게 조절할 수 없는 것을 싫어하는 사람도 꽤 있습니다.

더욱이 건강 유지를 위해서는 염분량을 조절해야만 하는 사람이나 비건인 사람들에게 있어서는 미리 간이 되어 있는 음식은 난처하기 짝이 없습니다.

이러한 점은 개개인에 따라서 음식의 맛과 시각적 감각도 다를 수 있으므로 본인의 기호에 맞게 음식의 맛을 즐기길 권하는 북유럽 사람들의 개인주의가 반영되어 있습니다.

✿ 일본과 외국은 '환대(오모테나시)'의 방향성이 다름

　인간은 한 사람 한 사람의 감성도 미각도 다르고 같은 것은 없습니다. 당연히 요리에 관한 사상도 다릅니다. 그러므로 자기가 좋아하는 스타일대로 즐길 수 있도록 기회를 제공하는 것이 최대의 오모테나시이며 그것이 인간성에 대한 존중이 아닐까요?

　개인의 인간성 존중이라는 하는 것은 개개인이 자유롭게 삶을 영위하는 것이며 개인의 의사를 존중해 주는 것입니다. 이것은 자신의 의지대로 자유롭게 살아가는 것이 인간 최대의 행복 추구이며, 개개인이 행복해지는 것이 사회 전체 발전을 추진한다고 하는 개인주의 사회의 근원적 신조이기도 합니다.

　또한, 개인의 행복과 사회 발전은 신이 바라는 좀 더 좋은 사회를 만들기 위해 봉사한다는 기독교적인 측면도 있습니다. 즉 해외에서는 철학적인 면으로 오모테나시의 방향성이 일본과는 기본적으로 다르다는 것입니다. 이러한 사고방식은 일본에서는 좀처럼 보기 어렵습니다.

　일본에서는 프로의 요리사가 간을 맞춰 조리하여 내놓은 음식을 무시하고 자기 맘대로 먹는다는 것은

'이런 실례를 범하다니.'라는 기조로 되어 있습니다.

　이러한 일본인의 사고는 해외 사람들에게 있어서는 솔직히 참는 방법밖에 없는 경우도 많습니다. 상대는 자기가 취한 행위를 고맙게 여겨야 하며 나는 상대의 마음을 헤아려 어떻게 하면 고객이 만족할지를 완벽하게 파악하고 있다는 태도는 그저 자기 생각에 빠진 것에 지나지 않습니다.

❀ 감시받는 느낌, 료칸(일본 숙박 시설)에서의 과잉 서비스

　이러한 사고방식은 일본 내, 오모테나시의 대표라고도 할 수 있는 일본 호텔과 료칸에서의 서비스 또한 마찬가지입니다.

　일본 료칸에서는 여주인과 여종업원이 손님이 요청도 하기 전에 물수건을 준비해주거나 구두를 가지런히 정리해주기도 하며, 그에 더해서 료칸 자체의 판단으로 담당자가 갑자기 들어와 정해진 것처럼 이불을 깔아주는 예기치 못한 일도 있습니다. 또한, 서비스로 칫솔이나 수건을 갖다 주거나 가운 위에 걸쳐 입는 실내복까지 준비해주는 감각도 발휘합니다. 이러한 것들은 일본인에게는 마음을 편하게 해주는 서비스일지 모릅니다.

하지만 이러한 세심한 서비스는 필요 없다고 생각하는 외국인 손님도 적지 않다는 것입니다. 본인은 자기가 좋아하는 것을 챙겨 가지고 왔으므로 이런 과잉 서비스가 오히려 불편해지기도 합니다. 료칸 측에서 계속 세심하게 살피며 손님의 기분을 미리 짐작하고 헤아려 서비스해 드린다는 형태이지만, 외국인 손님 편에서는 실로 피곤해지는 행위가 될 수 있습니다.

마치 머무르는 내내 감시받는 것 같아 그리 기분 좋은 일이 아니며, 호텔과 료칸에 일부러 자비를 들여 휴양을 즐기고자 방문한 것이기에 타인의 지나친 간섭없이 자유롭게 휴식을 취하고 싶어 하는 외국인들이 그중에도 많다는 것입니다.

❀ 비행기와 가전제품에 도가 지나친 과잉 서비스

이러한 점은 일본 항공사 비행기를 탔을 때도 마찬가지로 느낀다는 것입니다. 일본 항공사는 대체로 서비스가 과한 편으로, 음료 등을 빈번하게 가져다주기도 합니다. 그렇지만 이러한 행위는 외국인에게 있어서는 달갑지 않은 때도 있을 수도 있기에 좀 더 서비스 방법으로 개선해 보는 것은 어떨까 싶습니다.

비행기에 탔을 때 외국인이 기대하는 것은 이런 지나칠 정도의 세심한 서비스가 먼저는 아닐 것입니다. 테러리스트를 신속하게 격퇴한다든가, 좌석이 불편하지는 않은지, 급한 환자가 생겼을 경우 얼마나 신속하게 처치해 줄 수 있는지 등의 본질적인 서비스를 바랄 것입니다. 그러하므로 일본과 같은 오모테나시가 그다지 고맙다고 생각되지 않을 수도 있다는 것입니다.

그런데 일본인은 오모테나시를 하면 모두가 기쁘게 생각할 거라는 착각에 빠져 있어 다른 문화권의 사람들이 사고방식이 다르다는 것은 생각지도 못하는 일본인이 많습니다.

이러한 면은 일본 가전제품을 봐도 잘 알 수 있듯이 꼼꼼하게 많은 버튼이 붙어있고, 설명서에는 자세한 설명으로 가득 실려 있습니다. 예를 들면, 세탁기 하나를 보더라도 사용하고 남은 목욕물을 재활용하여 쓰는 기능이나 그 욕조 물을 쓰기 위해 호스가 딸려오고, 세탁물의 실내 건조를 돕기 위해 세탁기 건조 기능의 장치를 부착하거나 합니다.

세세한 기능이 많다는 것이 결코 나쁜 것은 아닙니다. 하지만 너무 많은 버튼의 그 기능들을 제대로 쓰지 못한다면 어떠시겠습니다. 또한, 기능은 복잡한데 겉으로 보기에 비교적 세련되게 보이지만 약한 것이 많으며 조심스럽게 사용하지 않으면 쉽게 고장날 것 같은 부분도 상당히 많습니다.

청소기도 그렇습니다. 세세한 버튼이 많아 외국인 측면에서 보면 대체 어떤 버튼을 눌러야 할지 몰라서 구별하기 어렵고 혼란스러울지 모릅니다.

실제로 외국인이 원하는 것은 그렇게 세세한 여러 기능이 아니며, 예를 들자면 빨래를 하기 위한 세탁기의 버튼은 3개 정도면 충분하고, 청소기는 흡입력만 좋으면 된다는 단순한 기능입니다. 요컨대 일본 가전회사가 소비자를 위해 여러 기능을 추가하여 헤아려 준다는 오만함에서 오는 착각이며 다른 문화권의 사람들에게는 통용되지 않는다는 것이지요.

❂ 일본인도 외국인도 'Simple is the best'를 추구함

그 한편으로 세계적으로 팔리고 있는 애플의 제품이나 아시아권에서 폭발적인 인기를 끌고 있는 다이슨 청소기는 편리하게 사용할 수 있도록 단순하게 만들려고 합니다.

단순하기에 수리도 편리하고 설명도 거의 없으며, 감각적으로 사용할 수 있게 되어 있습니다. 특히 다이슨은 부품의 별도 구매가 가능하여 수리할 때 매우 도움이 됩니다. 또한, 애플의 경우 iPhone이 시장에 나왔을 때 이런 키보드 없는 핸드폰이 절대 팔릴 리가 없어! 라며 일본에서는 깎아내리기에 바빴습니다. 저는 정보통신(IT) 업계에서 종사하는 사람이기에 당시에 많은 경제 분석가나 경영 전문가들이 그와 같이 추측하던 것이 더욱 기억에 남습니다.

그런데 예상과 크게 벗어나 지금은 일본에서 iPhone이 가장 인기 있는 스마트폰이 되었습니다. 조작이 간편하고 단순한 디자인이 일본인에게 호평받고 있습니다.

더욱이 iPhone은 일본뿐만 아니라 중국이나 아프리카 그리고 인도 등에서도 인기가 높습니다. 일본의 오모테나시 문화와는 정반대의 제품입니다만, 쉽게 사용할 수 있도록 간편하게 제작되었기에 여러 나라에서 인기 제품이 된 것입니다.

이러한 점은 다이슨 청소기의 경우도 마찬가지로 일본 내 브랜드의 청소기와 비교해보면 확연하게 간편합니다. 버튼은 온/오프 밖에 없으며 특별한 기능도 거의 없습니다. 앞에서도 다룬 바와 같이, 먼지 흡입력에만 주력하고 있습니다.

게다가 강력한 흡입력으로 먼지뿐만 아니라 집먼지진드기 등도 깨끗하게 제거되며 흡입된 먼지를 버릴 때도 버튼 하나로 해결되므로 매우 간단합니다. 디자인 또한 매우 독특하여 세세하게 소비자의 소리를 헤아리려 했다면 절대로 불가능했을 제품입니다.

이것은 일본적인 오모테나시와는 방향성이 다른 것이라 말할 수 있으며 최소한으로 중요한 기능만을 제공하여 다음은 알아서 마음대로 쓰시길 바라는 자세이므로, 이것이야말로 개인주의가 발휘된 제품이라 말할 수 있겠지요. 포인트는 이러한 제품이 이제 전 세계 시장에서 사랑받고 있다는 점입니다. 즉 일본적인 사고인 고객의 심중을 헤아리는 것의 정반대가 세계에서 받아들여진다는 것입니다.

최근 일본 기업의 상황이 저조합니다만 그 원인에 상대를 배려한다는 확신에 찬 오모테나시가 반영된 오만함이 있지 않았는지에 대해서 재고해 볼 여지가 있다고 봅니다.

그럼 다음에는 아래와 같이 일본인을 싫어하는 이유를 상세하게 살펴보겠습니다.

'정신' 영역

✿ 일본인의 사고방식이 의미 불명

외국인이 일본인과 교류하면서 가장 곤란해하는 것으로, 일본인은 도대체 무슨 생각을 하고 있는지 알 수가 없다는 말을 들을 때가 있습니다. 겉으로는 아주 생긋생긋 웃고 있지만, 속마음은 완전히 다를 때가 많다는 것입니다. 어떻게 반응(리액션)을 해야 일본인을 화나지 않게 할 수 있는지 몰라 무섭다고 합니다. 이것은 사적인 자리뿐만 아니라 비즈니스에서도 마찬가지입니다.

저는 유럽과 미국, 중동 사람들에게 단도직입적으로 일본인과 같이 일해 보고 느낀 감상을 물어본 적이 있습니다. 그러자 많은 수의 사람은 사이가 가까워지면 속마음을 말해주지만 거기까지 우호 관계를 쌓지 않으면 일본인은 속마음을 모르기 때문에 난처하다고 하는 것입니다.

의사 표현이 분명하고 확실한 국가의 사람은 어떻게 말하면 기뻐할지, 그리고 무엇을 하면 화를 내는지를 알 수가 있어 위험성(리스크)을 피하기 쉽습니다. 또한, 단도직입적으로 문제를 지적하거나 탁 털어놓고 말하는 문화권이라면 서로가 그다지 가깝지 않은 사이라도 무릎을 맞대고 얘기할 수 있습니다. 물론 외국에도 겉마음과 속마음이 존재하지만, 일본만큼 복잡한 형태는 아닙니다.

그런데 일본인의 경우는 여하간 섬세한 사람이 많아 신경 써주는 것은 알겠습니다만 도대체 무슨 말을 하고 있는지 판단하기가 어려워 당황스럽기 때문입니다. 외국에서 일본인이 현지어와 영어로 말할 때도 일본식 표현으로 빙 둘러서 말해 의미가 잘 전달되지 않습니다. 뭐든 일본식의 커뮤니케이션 수법과 일본식으로 직역해 표현해 버리기 때문에 듣는 쪽에서는 알기가 어렵습니다.

✿ 다테마에(표면상의 방침·원칙)의 '자동 번역'은
외국인에게 통하지 않음

일본과는 문화권이 다른 국가의 사람은 일본인이 내뱉는 다테마에(겉마음)를 자동으로 번역할 수 없으므로 대화 내용을 곧이곧대로 이해하게 됩니다. 예를 들면 아래와 같습니다.

다테마에: 이 건은 그리게 말입니다, 아무튼 가져가서 검토해 보겠습니다.

혼네(속마음): 절대 못 해. 이걸 어떻게 해! 당연히 안 된다는 거 몰라? 바보 아냐?

다테마에: 음, 이것도 상당히 좋은 제안입니다만 전에 것이 좋을지도 모르겠네요?

혼 네: 이크, 이 제안은 최악이라고! 장난치냐? 전게 훨씬 좋다고!

다테마에: 꽤 비싸군요. 할인해 주시면 매우 감사하겠습니다만 어떠신지요?

혼 네: 이 사람 보게? 이봐, 깎아 달라고! 빌어먹을.

다테마에: 이런 경향이 있을지도 모르겠습니다.

혼　네: 이렇게 되어 있단 말이다. 너 바보니?

다테마에: 저것은 이처럼 말씀하셨으리라 추측됩니다
　　　　 만 그렇지만 일반적인 견해로는 이것이 정
　　　　 통파라고 하며, 그러한 경향을 중시하지
　　　　 않으면 안 될 것 같습니다.

혼　네: 이쪽이 옳다고 정해져 있다고 그런 거라고!
　　　　 너 정말 멍청하긴!

　이처럼(조금 과격하게 표현하였습니다만) 일본인의 다테
마에와 혼네는 때때로 다르므로 그런 점을 번역할
수 없는 외국인은 당황하게 됩니다. 말하는 것과 행
동이 달라서 '아마도 혼네는 그렇지 않겠지.'라고 생
각합니다만, 그래도 다테마에의 자동번역은 어려울
수 있으므로 아무래도 일본인을 신용할 수 없다고
생각하게 됩니다. 이것은 실제로 비즈니스 자리에서
는 매우 심각한 것으로, 커다란 과제이기도 합니다.
　예를 들어, 일본인을 상사로 둔 외국인의 경우 윗
사람이 무슨 생각을 하고 있는지 모르면 아랫사람은
위축되고 맙니다. 상사를 신용할 수 없으므로 주뼛

주뼛하며 일을 자신감 없이 하게 됩니다. 이렇게 되면 팀은 물론 사무실 분위기도 위축되어 버리고, 사람에 따라서는 이것이 커다란 스트레스일 것입니다.

✿ 다른 문화의 사람에게 손타쿠(忖度, 미루어 헤아림)를 기대하는 것은 무리

외국의 다른 문화권 사람들에게 미루어 헤아려 주길 기대한다면 그것이야말로 큰 착각일 수 있습니다. 그런 긴장감이나 분위기를 참지 못해 회사를 퇴직해버리는 사람도 있습니다.

비즈니스가 원활히 진행되지 않아 기업 활동에 커다란 영향을 미치게 됩니다. 이처럼 국제 비즈니스의 현장에서는 일본의 눈치 문화는 생각보다 훨씬 문제가 깊습니다.

시간이 지나 서로를 알게 되면 일본인이 악의는 없으며, 다테마에와 혼네를 확실하게 밝히지 않는 것이 상대를 생각해서라는 것을 깨닫게 되지만, 일본과 문화권이 다른 나라에서 온 사람에게 있어서는 그것을 불안하게 느낄 수밖에 없습니다.

한편으로 해외에 오랫동안 거주하고 있는 일본인의 경우는 사고회로가 상당히 바뀌어 현지화된 사람도 많습니다. 의사표시가 분명하고 알기 쉬운 사람이 많은 것도 사실입니다.

저를 보고 해외에서 외국인들이 "당신은 일본인이지만 매우 솔직해서 좋아요."라며 놀랍니다. 이것은 제가 실제로 체험한 이야기입니다만, 해외에 거주하는 다른 일본인과 같이 저도 약간 사고회로가 단순한 데가 있어 눈치나 말의 속뜻을 모를 때가 종종 있다고 생각합니다. 이런 성격이 일본에서는 좀 문제가 있다고 하는데 오히려 외국에서는 환영받을 때가 많은 것 같습니다.

영국에서 단도직입적 표현이 많은 편이라는 서민층 사람들과 함께 일해오면서 "너는 싫은 점은 분명하게 싫다고 하고 웃을 때도 껄껄거리며 웃어서 좋아.", "다른 일본인은 무슨 생각을 하고 있는지 도무지 알 수가 없고, 어디가 맘에 들지 않아 언짢아지는지 알 수가 없어, 무서워."라는 말을 몇 번이나 들은 적이 있습니다.

❂ 겸손할 생각이었으나 내 편을 싸잡아 헐뜯음

이는 일본인의 본심을 알 수가 없다는 것에 관련해서 외국인이 이해할 수 없는 것의 하나로 일본인은 미덕의 의미로서 내 편을 싸잡아 헐뜯는다는 것입니다.

일본인을 잘 알고 있는 사람이라면 그것은 그저 겸손의 표현이라는 것을 알 수 있습니다. 그런데 다른 문화권에서 온 사람들에게 있어서는 자기 눈앞에서 남편이나 부인을 깎아내리거나 온갖 폭언을 내뱉는 것은 정상적인 사람은 아니라고 생각될 수밖에 없습니다.

자기가 소속되어 있는 회사나 학교에 대해 항상 불평불만을 잔뜩 늘어놓는 사람이라면 그렇게 불만이 많고 싫은 회사라면(또는 학교) '그만두면 되지.'라고 생각할 것입니다.

자기 스스로 나쁜 상황으로 몰고 가는 사람은 유럽과 미국인에게는 그저 색다른 사람이라고 밖에 생각되지 않습니다. 일상생활에서 색다른 사람이라면 그냥 '그럴 수도 있겠지.' 하겠지만, 비즈니스의 경우라면 치명적일 수 있습니다. 회사나 일에 대해 불만만 늘어놓는다면 다음과 같은 사람이라 말할 수 있겠지요.

- 변화를 제안할 수 없는 사람
- 문제의 근본 원인을 분석할 수 없는 사고력이 약
  한 사람
- 실행력 및 교섭력이 없는 사람

당연히 이러한 모든 것은 비즈니스맨으로는 마이너스로 평가됩니다. 불만만 늘어놓고 새로운 제안도 하지 않으며 진취적이지 못한 사람이라면 누구도 가까이에서 같이 일하고 싶지 않을 것입니다.

일본의 직장인은 회식에서 동료와의 커뮤니케이션이라 하며 회사나 상사의 험담을 의례적으로 합니다만, 그러한 행동은 조심해야 합니다. 기본적으로 회식은 즐기는 자리이므로 외국에서 푸념은 금지. 특히 영국권이나 유럽대륙에서의 술자리는 서로 즐기는 곳이어야만 한다는 인식이 있습니다. 다른 문화권에서 일본식으로 안일하게 행동한다면 신용을 잃게 될 것입니다.

외국인이 일본인과 오랜 기간 친밀하게 지내면서 겸손이라 생각하여 내 편을 싸잡아 헐뜯는 것이나 상사의 험담은 커뮤니케이션 하나의 소재에 지나지 않는다는 것을 알게 되는 사람도 있습니다.

그렇다고는 하나 이러한 것들을 이해하는 데는 몇

년이 걸려야 알 수 있습니다. 비즈니스로 교류하는 사람들 거의 모든 사람이 일본 문화에 정통한 것도 아니기에 매우 주의가 필요한 사항입니다.

✿ '변변치 않은 것입니다만…' 그럼 선물하지 말라고

이 겸손의 문화는 누구에게 무언가를 증정할 때도 마찬가지입니다. 예를 들어 일본인은 선물을 전달하며 "변변치 않은 것입니다만 …."이라고 말하는 경우가 다반사입니다만, 이것 또한 많은 외국인에게는 이해할 수 없는 습관입니다.

매우 맛있어 보이는 과자나 예쁜 포장지 등으로 고급스럽게 싸서 선물하는 것에 '변변치 않은 것이라든가', '싼 물건이라든지', '별거 아니라든지' 등으로 말해버리면 상대는 '저 사람 어째서 나한테 이런 하찮을 것을 보내는 거지?', '왜 싼 것이라고 일부로 말하는 거지?', '아마도 내가 싫어서 그러는 거네.'라고 생각해 버리게 됩니다.

그렇게 되지 않도록 하기 위해서라도 다른 문화권의 사람에게는 솔직하게 표현해 주길 바랍니다.

"당신을 위해서 멋진 것을 준비했습니다.", "이 과자는 저희 지역에서는 맛이 있어서 매우 인기가 좋습니다.", "포장지 정말 멋지죠? 저는 이런 색 조합을 매우 좋아한답니다. 지금의 계절에 딱 어울리는 것이라 오늘은 이렇게 들고 왔습니다.", "이 과자는 건강에도 좋고 맛도 매우 맛있습니다. 한번 드셔 보시길 바랍니다!" 등의 간결하고 적극적인 표현처럼 말입니다.

❂ 상하 관계를 최고로 중시하지 않는 해외 국가들

일본인은 외국에 관한 것에 매우 관심이 높습니다만 그 한편으로는 다른 문화와 생활 습관에는 의외로 둔감하기도 합니다. 그 둔함의 하나로 일본과 다르게 해외에서는 일본식의 상하 관계가 존재하지 않는다는 사실을 모른다는 것입니다.

앞에서 다룬 거와 같이 일본에서는 사회적 입장과 지위와 나이를 기준 삼아 상하 관계를 매우 중요하게 생각합니다. 며느리와 시어머니, 상사와 부하직원, 선생과 학생, 연상과 연하, 선배와 후배 등이 그에 해당합니다. 그러나 일본과 다른 문화권에서는 이러한 상하 관계를 그다지 중요하게 생각하지 않는다는 점입니다. 상하 관계가 있다고 해도 사회 구조가 일본과는 상당히 달라서 상하 개념의 정의 그 자체가 용납되지 않습니다.

그런데 일본 사람들은 일본식의 개념이 다른 문화권에서도 통할 거라는 착각에 사로잡혀 있어 낭패를 보는 경우가 적지 않게 발생합니다. 예를 들면 일본인이 해외에서 외국 사람들과 같이 일하게 됐을 때 선배와 후배, 상사와 부하직원이라는 개념을 일본처럼 착각하고 있어 자기보다 사회적 지위가 낮다고 판단되면 당연히 그 사람은 자기의 명령에 따라야만 한다고 생각합니다.

그런데 다른 문화권에서는 직장 내의 직함에 의한 상하관계보다는 서로 개인적인 관계가 양호한지 아닌지를 중시할 때가 있습니다. 이것은 이탈리아와 프랑스계 문화권에서는 매우 중요하게 작용합니다.

물론 이들의 문화권도 권위주의적인 면이 있기에 직함도 중요합니다만, 일본보다 개개인 간의 소통을 매우 중요하게 생각합니다. 그러므로 상대의 마음에 들지 않으면 자신의 요청도 들어주지 않는 경우가 생깁니다. 이것이 상사와 부하직원의 관계라면 상사가 무언가를 지시를 내렸을 때 부하직원이 그 상사를 탐탁지 않게 생각하고 있다면 그 지시를 따르지 않을 때도 많습니다.

✿ 이유 불명의 일은 시행하지 않는 해외국가들

영국과 네덜란드와 독일 등 유럽에서도 비교적 북부 나라들은 당연히 직함이 조직을 운영하기 위한 것이므로 중요합니다. 그렇지만 그보다 더욱더 중요하게 생각하는 점은 무언가를 상대에게 요청할 시에는 의뢰할 사항을 정확하고 논리정연하게 설명하여 상대가 수긍할 만한지 아닌지가 가장 큰 포인트가 됩니다.

일본의 직장처럼 상사가 "이거 해놔!"라고 지시하면 우리는 당연히 그 지시를 따라야 하지만, 그 논리가 외국인에게는 통하지 않을 때가 자주 있습니다. 전부터 내려온 것을 답습했거나 선배로부터 전해져온 것이라 할지라도 그 지시에 합리적인 이유가 성립되지 않는다면 "왜죠?", "어째서죠?"라는 질문이 쏟아질 것입니다.

예를 들어, 일본에서 동아리는 전통적으로 여자

매니저라는 사람들이 있어 회원들의 유니폼을 세탁해주거나 도시락을 만들어주기도 합니다. 선배들은 그렇게 하는 게 당연한 듯이 받아들여져 마치 전통적으로 해왔기에 거기에 의문을 품는 사람은 없습니다. 여기서 말하는 매니저는 비즈니스 활동 중의 호칭과는 전혀 관계없는 어디까지나 회원들을 도와주는 여자들이라는 것입니다.

하지만 유럽 북부 나라들은 이러한 자업을 히는 사람들에 대하여 명확하게 설명되어 있어 만약에 그러한 일을 하는데 타당한 이유가 없으면 납득하지 않는 회원들이 많습니다. '어째서 동아리 활동에 매니저는 여자만 하는지.', '왜 경기에 출전도 하지 않으면서 동아리 회원 자격으로 활동하고 있는지.', '왜 무보수로 일하고 있는지.'라는 등의 의문을 품는 사람들이 있습니다. 신입 회원이나 심지어 후배들조차도 이러한 의문에 대해 반발하는 사람이 적지 않습니다.

이와 같은 의문이 생겼다면 외국에서는 동아리 회원들의 회의를 거쳐야 합니다. 만약 회원들 의견이 일치하지 않았다면 회의는 더 진행될 수 없습니다. 즉, 일본식의 선배로부터 지시가 내려졌다고 해서 후배인 우리도 마땅히 그렇게 따라야만 한다는 것은 있을 수 없습니다.

　일본 직장인들의 이와 같은 사고방식으로 회사에서 불필요한 것을 감시하고 검사하는 등을 오랫동안 지속해 오거나 쓸모없어진 서류를 폐기하지도 않으려 하고 외국인 사원에게도 "이 서류에 도장을 찍어 주세요."라고 요구하거나 합니다. 선배나 상사로부터 계속 이어져 온 것이니까 따라야 한다는 생각으로 아무리 상하 관계가 중요하더라도 문제가 있다면 의문을 제기해야 한다는 시도조차 없으니 아무리 시간이 흘러도 이러한 잘못된 관례에서 벗어나지 못하는 것입니다.

　하지만 유럽 북부 나라들의 직장에서는 일본처럼 요구하면 임원뿐만 아니라 부하직원까지도 "왜 하는 거죠?", "왜 필요한 거죠?"라는 질문 공세가 쏟아질 것입니다. 그럴 때 "상사로부터 지시가 있었잖아."라고 대답해도 누구도 수긍하지 않습니다. 이것은 일본식 상하 관계 구조의 양식과는 전혀 다를 수밖에 없고, 해외에서는 통하지 않는다는 것입니다.

　또한, 부족사회나 개인적 친분을 중시하는 문화권의 경우는 조직에서 직함 등은 일절 통하지 않으며, 친척인지 아니면 부족 간에 친분이 있는지 없는지, 더 나아가서는 혈통 관계로 이어져 있는지 아닌지가 더 중요할 때도 있습니다.

이러한 점을 극단적으로 잘 나타나는 것은 나이지리아와 중동지역의 국가들입니다. 이러기에 일본적인 선배와 후배라고 하는 애매모호한 관계나 직장 상사와 부하직원이라는 상하 관계는 통하지 않습니다.

✿ '이쿠맨(육아 남성)'이란 단어는 너무 이상해

일본에서는 새로운 것에 가타카나 표기로 하여 어느 정도 유행하고 있는 세련된 말에 갖다 붙여 본래의 의미가 흐려져 버릴 때가 종종 있습니다.

그 전형적인 하나의 예로 이쿠맨을 들 수 있습니다. 이쿠맨은 남성이면서 육아와 집안일을 적극적으로 참여하며 가정생활을 중요하게 여기는 사람을 가리킵니다. 최근 젊은 남성은 일부러 자랑하듯 이쿠맨이라며 자신을 스스로 칭하는 남성이 많아졌습니다.

이러한 남성이 늘어나고 있는 것은 매우 기쁜 일이지만 육아의 본질이나 가정생활이라는 점에서 본다면 마치 육아를 맡은 남성은 특별한 사람이라고 일컬어 이쿠맨이라며 추켜세우는 것은 뭔가 이상하다고 봅니다.

육아라고 하는 것은 원칙적으로 부부가 공동으로 하는 것이며, 아빠가 아이를 돌봐주거나 집안일을 하는 것이 해외에서는 전혀 특별한 일이 아닙니다. 물론 지금까지 일본이라면 남성이 집안일과 육아를 하는 것은 흔한 일은 아니었습니다만, 대다수 남성이 집안일은 하지 않았다는 자체가 잘못된 현상입니다.

마치 이쿠맨이라는 단어가 참으로 신선하고 특별한 것인 양 대우하는 풍조는 매우 웃기는 상황이라 할 수 있습니다. 한편으로 여성이 집안일과 육아를 하라더라도 특별히 가타카나로 표기되거나 하는 적은 없으며, 당연한 것처럼 되어 있습니다. 이같이 언뜻 보아 최첨단으로 보여 카다카나 표기로 해버린다는 것이야말로 바로 일본 사회통념이 이상하다는 것을 상징하는 것입니다. (참고로 일본어는 외래어나 특정 표현을 가타가나로 표기합니다.)

❀ '리케죠(이과계 여성)' '너무 아름다운 ○○'라는 표현은 여성에 대한 편견

해외로 눈을 돌리면 미국에도 유럽에도 이쿠맨에

해당하는 말은 찾을 수가 없습니다. 남성의 집안일이나 육아 담당 시간은 다른 나라에서도 여성에 비교해 적습니다만, 사회적 통념으로는 남성도 육아와 집안일은 당연히 해야 하는 것이라고 받아들입니다. 남성이 담당한다고 해서 특별하게 생각하거나 방송이나 잡지에서 대대적으로 거론하거나 하지는 않습니다.

같은 예로 '리케죠(이과계 여성)', '너무 아름다운 ~' 등의 표현을 내포합니다. 이런 표현의 가치 또한 이쿠맨과 같은 경우입니다. 이과계 여성은 이과 계열 관련으로 일하거나 연구직에 종사한다는 사람은 마땅히 남성이어야 하고, 여성이 그러한 일을 할 때는 특수한 경우일 때라는 것으로, 일본 비즈니스 사회에서는 여성이 이과 계열의 직업이나 작업은 적당하지 않다는 것을 시사합니다.

이쿠맨와 마찬가지로 억지로 가타카나로 표기하여 마치 최첨단에 있는 것처럼 보이겠지만 그 역시 여성이 담당하는 것에 대한 정상적이지 않다는 것과 더불어 의외성을 강조하고 있는 것에 지나지 않다고 봅니다.

미국이나 유럽 북부에서 이과계 여성이라는 호칭을 붙여 여성 연구원과 기술자를 매스컴에서 소개한다면 곧바로 차별 발언으로 큰 문제로 번질 것입니다. 소개된 당사자에게도 매우 불쾌감을 주는 것이고 능력이 아닌 성별이 다르다는 관점에서 평가한다는 것은 열심히 연구하고 일하고 있는 여성에 대해 매우 무지한 처사가 될 것입니다.

'너무 아름다운 ~'도 마찬가지입니다. 이 말은 반대로 '이과 계열의 직업에 종사하는 여성은 당연히 미인은 없다.'라는 사고로부터 시작된 발상이겠지요.

예를 들어, 여성 버스 운전사나 정치가, 치과의사 등의 직업에 외모는 아무런 상관이 없을 것입니다. 가장 중요한 것은 일에 있어서 기술이나 실력이지 외모가 아닙니다. 오히려 외모를 평가 기준으로 삼고 있는 남성이라는 점이 강조되는 것에 지나지 않습니다.

즉, 이러한 말들은 일본인이 얼마나 사물의 본질에 관한 접근이 신중하지 못하고 표면적인 것에만 얽매여 있는가를 상징합니다. 그러므로 다른 나라에 미인 분뇨 수거차 운전사가 있어도 미인 분뇨 수거차 운전사 등으로 화젯거리가 되지도 않을뿐더러 방송에 출연할 일도 없습니다. 분뇨 수거차를 운전하는 데 외모가 어떤지 대해서는 중요치 않고 분뇨 수거차 운전자가 최선을 다해 담당한 일을 안전하게 책임지고 수거하면 될 뿐입니다.

❀ 기후와 복장이 맞지 않은 '쿨 비즈(노타이 반소매 셔츠 차림)'의 폐해

    일본인이 외적인 면에 너무 치중하는 경향으로 인해 사물의 본질을 흐리게 하는 사례의 하나로 복장을 들 수 있습니다. 그 예로 여름에 반소매를 입기 시작하는 날짜가 정해져 있는 쿨비즈(cool+business의 준말로, 여름철에 사무실에서 시원하게 일할 수 있도록 간편한 차림을 하는 것. 여름 사무복)야말로 실로 이상한 것 중의 하나라고 할 수 있을 것입니다. 기후는 불안정한 것으로써 매년 같은 날에 기온 습도가 똑같을 수가 없습니다. 더욱이 사람마다 근육량이라든지 온도에 대한 감각이 다르므로 각자 알아서 덥다 춥다 느끼는 감각대로 바꿔 입으면 되지는 않을까요.

    의학적, 생물학적으로도 그러는 편이 합리적입니다. 겨울에 그렇게 춥지 않은 날이더라고 근육량이 적고 체격도 작은 노인이 춥다 춥다고 하는데도 괜찮다고 하며 따뜻하게 옷을 챙겨 체온 유지하도록 조치해 주지 않는다면 병이 도질 우려도 있습니다. 아이와 성인도 체감 온도가 다른데도 불구하고 어린아이에게만 너무 두꺼운 옷을 입힌다면 체온이 너무 올라 아이의 몸이 갑자기 나빠질 수도 있을 것입니다.

이렇듯 개개인의 감각을 무시한 채 같은 날에 일제히 "여름 사무복으로 바꿔 입읍시다." 하며 강제로 정해 놓으면 여름옷으로 갈아입어야 합니다. 개개인이 알아서 편하게 생각하는 취향대로 옷을 선택해 입으면 되는 것을 군이 국가에서 이렇게까지 여름 사무복으로 갈아입으라 할 필요가 있을까요?

그렇지만 일본인의 성향이 본질은 무시하고 형식을 중시하여 위에서 지시하면 시키는 대로 지정된 날짜에 모두가 일제히 여름옷으로 갈아입습니다. 이것은 아무리 생각해봐도 본인이 스스로가 판단하지 못하여 마치 사고가 정지된 표본처럼 멍청한 짓이라밖에 생각할 수 없습니다. 일본인은 지금이라도 한번 그 까닭에 대해 되새겨볼 필요가 있습니다. 실로 힘 앞에 복종해야 한다는 전형적인 예로, 전체주의를 매우 좋아하는 일본인의 사고를 상징하는 단편이라 할 수 있습니다.

예전에 우리 집에서 남편(영국인)이 일본의 여름 사무복에 관한 뉴스를 텔레비전으로 보고 있다가 경악을 금치 못하였습니다. 외국에는 이러한 비상식적인 일이 있을 수 없으므로 당연히 놀라운 일입니다.

영국의 경우는 여름이든 겨울이든 빈번하게 날씨가 변하기 때문에 명확하게 계절에 맞는 옷을 바꿔 입어야 한다는 감각도 여름 사무복장이 시작되는 날이라는 것도 존재하지 않습니다. 그렇게 정부가 날짜를 결정하여 "여러분, 내일부터 코트를 입읍시다." 등이 전달된다 치더라도 날씨에 따라서는 직장이나 학교에 비키니 같은 것을 입고 오는 사람도 있을 것입니다. 어떤 걸 입든 본인 감각대로 입고 싶은 옷을 입으면 되는 것이니까요.

'정치' 영역

✷ 선거엔 가지 않고 인터넷에선 마구 날뜀

일본인의 정치에 대한 일반적인 태도 또한 외국인 입장으로 바라보면 매우 이상하게 비칠 것입니다. 외국인이 기이하다고 생각하는 것 중 하나로, 일본에서는 분명 지방 선거나 국정 선거도 선진국으로서 도저히 이해할 수 없을 정도로 투표율이 매우 저조한 편이면서 어째서인지 익명의 게시판이나 Twitter 등의 SNS에서는 정치적인 의견이 산더미처럼 쌓여

있으며, 일 년 내내 다량의 투고를 하고 있다는 사실을 들 수 있습니다.

글을 올리는 사람은 정치에 관심이 높은 일부의 사람들일 수도 있겠습니다만, 특이한 점은 관심이 높은 사람들 이외에도 정치에 관해 본인들의 의견을 SNS에 글을 계속해서 올리는 사람들이 상당히 존재한다는 사실입니다. 이러한 현상을 볼 때 정치에 관심이 전혀 없지는 않은가 봅니다.

또한, 사회적인 문제 이외에도 상당히 관심을 가지는 사람도 많습니다. 예를 들어, 영국의 Twitter는 축구와 관련된 기사나 방송국 예능 프로그램에서 화제가 되는 것을 주요하게 다루는 편이라면, 일본의 Twitter는 수상의 얼굴 사진이 이상하다든지 육아 지원이 지연되고 있다는 등의 정책과 사회 문제를 주로 크게 다루는 경향이 있습니다. 하지만 일본 사람들은 주장하고자 하는 의견이 많아 불만스러운 점이 있음에도 불구하고 정작 정치에 대해 서로 신중한 토론을 통해 개선해 보려는 의지는 보이지 않고, 그저 우물가의 쑥덕공론에 지나지 않은 수준에 머물러 어물쩍 넘어가려는 것밖에 보이지 않습니다.

해를 거듭하며 무거워지는 세금이나 사회 보장제

도 등에 관련해서는 자기에게도 미래를 좌우하는 매우 중대한 사안이며, 국민으로 정치에 참여한다는 의미로써도 투표는 자기의 권리는 행사하는 자리입니다. 그런데 투표는 하지 않으려 하고 인터넷상에서만 주야장천 붙어 앉아 정치 관련 글만 주고받습니다.

이런 식의 토론은 실질적으로도 뭐가 생기는 것도 아니고 자기한테 있어서도 무엇 하나 얻을 수 없는 '비합리적인 활동이 아닐까?'라고 생각됩니다만, 그렇다고 그 사람들이 선거에 참여하는가 하면 절대 그렇지 않으며, 투표소로 발을 옮기는 숫자의 변화도 전혀 보이지 않는다는 것입니다.

❀ 불만이 있으면서도 행동에 옮기지 않는 일본인

또한, 이렇게 불만이 있는 사람들이 지역 의원에게 진성서를 제출할 리도 없습니다. 그와 반대로 유럽 북부 사람들은 즉시 행동으로 옮겨 항의하거나 지역 정치가에게 진정서를 제출하거나 하는 행동이 일상적이고 당연하게 생각하는 사람들의 눈으로 들여 본다면 일본사람은 그야말로 이상한 민족이라 생각할 수 있을 것입니다.

　일본은 다른 선진국들보다 비교적 국가 부채가 많은 편도 아니라서 지금까지 경제적인 면에서 여력이 있다고는 하나 세계에서 가장 빠른 속도로 저출산 고령화 사회로 진행되고 있어 엄청난 수의 고령자가 살고 계십니다.

　이렇게 직면하고 있는 문제가 다른 선진국보다 훨씬 심각한데도 불구하고 문제를 개선하고자 하는 의지를 갖고 행동으로 옮기는 사람은 많지 않습니다.

　이러한 행동 패턴은 정치에 대한 일반적인 것뿐만 아니라 사회보장 제도나 세금 문제 등에 관해서도 마찬가지입니다. 소비세 인상이 결정되어도 강하게 항의하는 사람들도 눈에 띄지 않을 정도로 적을 뿐만 아니라 노인장기요양보험에 관해서도 결코 적다고 할 수 없는 금액이 40세가 되면 강제적으로 징수되고 있는데도 이것에 대해서 크게 항의하는 사람이 거의 보이지 않습니다.

　일본은 소득이 적은 사람들의 생활은 다른 선진국에 비해 매우 생활이 어려운 사회 구조입니다만 힘든 처지에 몰리게 되는 상황임에도 불만을 소리 내어 외치는 사람이 많지 않습니다.

예를 들어 일본은 소득세의 기초공제액은 38만 엔입니다만 영국은 180만 엔 정도로 일본의 4.2배나 됩니다. 이 기초공제액이 낮으면 수입이 적은 사람에게 상당한 금액의 소득세가 부과됩니다. 더불어 수입이 낮은 것에 비해 세금과 연금, 건강보험료에 부과되는 비율이 높게 책정되는 구조라 할 수 있습니다.

✪ 세금의 사용처에 전혀 관심이 없음

이처럼 일본은 결코 소득이 적은 사람들이 살기 쉬운 나라는 아닙니다만 그러한 상황에서 많은 세금이 부과되는데도 세금의 어떻게 사용되고 있는지에 관해서 관심이 없는 사람이 많다는 것 또한 매우 기이한 현상이 아닐 수 없습니다.

현재 일본에는 존재 의미가 불명확한 공익 법인이나 낙하산 기업 등의 단체가 상당히 많습니다. 이미 30년~40년 전부터 이러한 정당하지 못한 단체의 존재에 관련해 계속해서 지적해 왔음에도 수입이 낮은 사람들이나 생활이 어려운 월급자들은 그 문제에 대해 크게 관심이 없는 듯합니다. 또한, 대형 매스컴에서 이렇게 세금을 낭비하고 있는 점을 엄격하게 추궁하고 다뤄야 할 책임이 있지만 매스컴이 보도하지 않는 것에도 일반 사람들은 강하게 비판하지도 않습니다.

　매스컴의 존재 의의로서 가장 중요한 것의 하나로, 경제활동이나 사회생활이 원활하게 움직이도록 정부를 감시하는 것이며, 국민으로부터 징수한 세금을 적절하게 사용되고 있는지를 바르고 정확하게 전달해야만 합니다만, 그 역할을 다하지 못하고 있다는 것을 비판하는 일반 사람들도 없습니다.

　정말로 이해되지 않는 것으로 일본은 저출산 고령화로 인해 국가재정이 매우 어렵다고 하면서 소비세나 사회보장비를 점점 올리고 있고 국가나 지방자치단체가 이유도 알 수 없는 공공시설을 짓는다든지 공적인 서비스를 어째서 최저가로 제공하고 있음에도 불구하고 표면화하여 의문을 품는 사람이 별로 없습니다.

　만약 이런 일이 영국 등 유럽 북부 나라들의 재정이 어려운 나라나 자치단체가 건설 효과도 없는 공적 시설을 짓겠다고 하면 일반 사람들로부터 맹렬한 항의 운동 일어날 것입니다. 국민에게 설명해야 하는 책임을 다하는 점은 일본과는 비교하기 어려울 정도로 엄격하며 세금이 높은 것에 대한 감시도 엄격합니다.

그런데 일본의 경우는 인터넷상에서 불만을 토로하는 것에 비해서는 명확한 설명이 없는 정부에게 책임을 추궁하는 사람은 없습니다. 세금이 어떻게 사용되고 있는가는 자기의 생활에 직접적으로 관련된 문제인 동시에 자기뿐만 아니라 자녀와 미래 후손들의 번영에도 밀접하게 관련된 문제로 원칙적으로 많은 국민이 사안을 좀 더 심각하게 받아들여야만 합니다.

'직무' 영역

❂ 직무 방식의 효율이 너무 낮음

제1장에서도 거론하였습니다만 일본인들의 특수성이 가장 두드러지게 나타나는 것이 직무 방식에 있습니다. 외국인들은 일본인의 성실한 직무 방식을 좋게 평가하느냐 하면 실제론 그렇지 못하고 정반대

일 때가 더 많습니다.

　일본인 직무 방식에 대해 가장 많이 비판받는 것 중 하나는 '하지 않아도 되는 일에 줄곧 얽매이는 스타일'로, 나중에 가서는 업무량을 늘리고야 마는 결과를 초래한다는 것입니다. 흔히 있는 일로, 일본인은 사내에서만 쓸 회의 자료를 아주 정성스럽게 만들어서 그것을 출석자 전원에게 배포하는 것을 그 예로 들 수 있습니다.

　매일 저녁까지 연장 근무하여 자료를 작성하고 원가도 많이 드는 컬러판으로 만들어 인쇄합니다. 그 자료를 사전에 메일로 보내놓으면 될 것을 그렇게 하지 않고 꼭 회의 당일에 한 부씩 자리에 많은 양의 자료를 배포합니다. 이러한 일본인을 영국인이나 독일인 미국인이 보며 참 쓸모없는 데에 시간을 허비하고 있고 경비마저 낭비되고 있다고 지적하며 몹시 화낼 때가 많습니다.

　원래 사내 회의용으론 형식적인 것은 모두 생략해 버리고 기획 내용과 주제의 요점만을 항목별로 작성하여 메일로 보내면 된다고 생각합니다. 따로 첨부할 자료가 있으면 회의 시작 전 3일부터 일주일 정도 전까지 미리 메일이나 사내 문서 공유 시스템을 통해 팀원에게 배포하여 사전검토를 요청하면 끝입니다. 그리고 회의가 있는 날은 노트북이나 태블릿으로 자료를 열람하면서 진행하면 인쇄하는 수고도 덜 뿐더러 대량의 종이를 들고 다닐 필요도 없습니다.

그 밖에도 일본인이 만드는 프레젠테이션 슬라이드는 각양각색의 문자를 너무 많이 쓰고 있어 오히려 요점이 정리되지 않아 내용의 이해에 시간을 소비하게 합니다. 어떤 때는 주제와도 전혀 맞지 않는 삽화를 여러 곳에 사용하고 또 그것을 정성스럽게 파워포인트로 작성합니다. 참으로 자료를 만드는 쪽에서도 읽는 쪽에서도 쓸데없는 일이 아닐 수 없습니다.

늘어지고 '무의미한 정해진 회의'

또한, 일본인과 회의는 늘어지는 분위기일 때가 많고, 사내 일정을 정하는 협의에서도 그날의 의제나 개요에 관해 사전에 메일로 알리지 않습니다. 의제의 결정 사항도 당일 회의에서 다 정하지 못하기 때문에 거듭되는 회의를 거쳐야만 결정되는 경우가 자주 발생합니다.

회의 진행에 있어도 매우 비효율적으로 의제를 둘로 나눠서 말하는 등 중요한 것들을 사전에 알려주지 않습니다. 그리고 일본인과의 회의는 대부분 브레인스토밍(brainstorming)과 같이 질질 끄는 대화의 형식으로 되어 버릴 경우가 많아 시간이 아깝다고 격노하는 외국인도 꽤 있습니다.

그 외에도 미국이나 유럽은 시간 단위로 보수를 계산하는 시간급(time charge) 전문가가 많습니다. 그럴진대 아무렇지도 않게 비용 면을 무시한 채 상대 입장도 고려하지 않고 근황을 묻는 식으로 방문 예약을 의뢰하거나 합니다.

상대 입장으로 보면 요금이 추가로 발생 되는 건 안중에도 없는 것 같고, 어서 퇴근해서 귀가하고 싶은 사람에게 일본인은 저녁 7시가 지났는데 약속을 잡아 찾아오거나 더욱 곤란하게 만드는 회식 자리를 주선하는 등 참으로 비효율적인 직무 방식을 강요하는 것입니다.

일본인의 노동 시간이 길어지는 이유도 이러한 비효율적인 직무 방식이 원인일지도 모릅니다. 이런 연유로 일본의 근무 실태를 잘 알고 있는 선진국 사람들이 일본인과 함께 일하는 것이 꺼려진다고 할 때가 많이 있습니다.

✿ 상태가 나빠도 의지로 쉬지 않음

이같이 일본의 직무 방식에 있어서 효율적이지 못한 것으로 적절히 휴식을 취하지 않는다는 것에도 관계있다고 봅니다. 몸 상태가 안 좋은데도 무리하면서까지 일하기 때문에 업무 능률은 떨어지게 되고 체력도 약해지기 쉽습니다. 그 결과는 장기간에 걸쳐 업무를 할 수 없다는 것으로 이어집니다.

유럽 북부나 미국 사람들이었다면 좀 몸이 안 좋다 느끼면 바로 휴가를 내며 주위에서도 아픈 사람에게 일을 맡긴다는 것은 오히려 민폐가 될 수 있어 바로 쉬라고 권합니다.

충분히 휴식을 취할 줄 아는 것도 프로로서 실력을 발휘하기 위한 측면에서도 매우 중요한 일이며, 스스로 관리를 잘하고 있다는 것이 증명된다고 생각합니다.

또한, 관리자 측도 근로자가 능력을 최대한 끌어

올릴 수 있도록 조치해 주는 것이 당연하다는 주의라서 일하는 사람들이 컨디션 등의 몸 상태를 보면서 적절히 휴식을 취할 줄 아는 것 또한 업무의 하나라고 생각합니다. 기계도 쉬지 않고 계속 가동하면 쉽게 고장이 나는 것처럼 사람에게 휴식은 꼭 필요합니다.

좀 더 합리적으로 생각해보면 당연한 것을 일본인들은 그렇게 생각하지 않고 마치 열심히 일하고 있는 모습을 주변 사람들에게 보여주는 것이 중요하다는 등의 정서를 불러일으키는 측면만 강조하고 있어 전체적으로 작업 효율이 떨어지게 되는 것이지요. 일본에서 과로사나 업무 과다로 인하여 자살하는 사람이 상당히 많은 점도 이러한 합리적 사고를 못하는 것과 인과관계가 있다고 할 수 있습니다.

[칼럼] 세계가 봐도 '이것은 대단해요. 일본인!'

일본인은 여러모로 문제점도 있습니다만, 세계의 눈으로 보면 일본인이 칭찬받고 있는 점도 많이 존재합니다.

우선 외국인들이 일본인을 보고 경외하는 것은, 개개인이 일하는 데 있어서 도덕성이 높다는 점입니다. 저임금이라도 직무에 자긍심을 가지고 자기에게 부여된 책무를 끝까지 수행하는 사람이 대부분입니다. 다른 나라의 사람들은 적당히 하는 일일지라도 일본인의 경우에는 성실히 수행합니다. 실은 이러한 성질(성향)을 지니는 사람들은 세계적으로 봐도 그리 많지 않습니다.

다음으로 일본인은 저임금을 받는 사람일지라도 비교적 학습 의욕이 높다는 점입니다. 이는 일본의 서점에 가면 잘 알 수 있는데 다양한 노하우를 기술한 서적이나 자기계발서가 쌓여있습니다. 이러한 책들이 다량으로 팔리고 있는 국가는 일본 이외에는 없어 보입니다. 주부나 노인이라도 가사에 관한 것이나 자기 자신의 취미에 관해 기술된 서적을 구매하여 열심히 공부하고 있고 인터넷으로 기법이나 노하우를 찾으려 검색하는 일본인 블로거를 쉽게 만납니다. 그 내용의 깊이는 아마도 세계에서 가장 클 것입니다. 일반인이 장인과 같은 마음가짐으로 어떤 단계까지라도 추구하는 것은 세계에서도 진귀한 것이겠지요.

두 번째로 대단한 것은, 교육 레벨이 높다는 것입니다. 과거, 전국시대(戰国時代)나 에도시대(江戸時代)에도 일본인의 학습 의욕은 매우 높았다고 합니다. 일본의 무사들은 예로부터 교양을 쌓기 위해서 철학을 공부하거나 차도(茶道)를 행하고, 시가(詩歌)를 가까이했습니다. 또한, 에도시대 상인들은 자녀에게 열과 성을 다해 읽고 쓰고, 산술(셈법)을 연마하게 하였습니다.

근대에 들어서도 공교육은 다른 나라보다 더 충실합니다. 특히, 2차 세계대전 이후의 발전은 눈에 띄고, 일본 공립학교의 레벨은 세계에서도 탑클래스에 해당합니다.

공교육이라면 일반적으로 북유럽의 국가들을 다루는 경우가 많지만, 여기서 주의하지 않으면 안 되는 것은 일본은 핀란드나 노르웨이와 비교해서 인구 규모가 큰 국가라는 점입니다.

북유럽 국가들은 인구가 일본의 현이나 대도시 규모 정도에 머무르므로 작은 규모에서의 공교육의 충실화는 그다지 어렵지 않습니다.

　그렇지만 일본은 인구 규모로 보자면 영국의 두 배이상입니다. 그런데도 여타 선진국과 비교해서 질 높은 교육을 시행하고 있습니다. 문맹률은 세계에서 가장 낮고 산수나 이과, 국어와 같은 기초교육의 전체적인 레벨은 다른 나라보다 매우 높은 수준입니다. 개인차(격차)가 크지 않다는 것도 특징입니다.

　더하여 특필할 만한 사항은 가정요리나 음악, 미술과 같은 수업이 공립학교에서도 확실히 제공되고 있다는 점입니다. 재정이 부족하여 이러한 수업을 시행하지 못하는 국가도 적지 않습니다. 교육의 충실함은 사람들의 전체적인 교육 수준 향상에 크게 공헌하고 있습니다.

　전체적으로 교육 수준이 높으므로 일본의 표지판이나 자동판매기의 표기는 여타 선진국과 비교해서 매우 복잡합니다. 그리해도 일반 사람들이 이해한다는 것이겠지요. 그러나 교육격차가 큰 나라에서는 표지판의 표식이나 자동판매기의 표기가 이상하다고 여길 만큼 단순화되어 있습니다.

이렇게 전체적인 레벨이 높기에 외국 기업이 일본인을 고용해도 화장실 사용법부터 가르칠 필요가 없고, 처음부터 교육하지 않아도 되는 것이 적으므로 매우 효율이 높습니다.

네 번째는 외국인들이 가장 놀라워하는 것의 하나로, 일본의 치안이 좋다는 것입니다. 일본은 경제가 정체되고 있음에도 중고생이 거리에서 손도끼로 난투를 벌이는 일은 거의 없다고 봐도 무방하고, 예방 차원에서 학교에 금속탐지기를 설치할 필요도 없습니다.

게다가 자판기나 발권기를 짱돌이나 벽돌로 부수는 사람도 없습니다. 신호를 기다리며 정차 시에 도끼나 권총을 들고 온 강도에게 차창이 깨어지고 손목시계나 귀중품을 강탈당하는 일도 없습니다. 여름휴가로 집을 비울 때 강도단에게 가재도구 일체를 도난당하는 일 또한 절대 없다고 해도 무방합니다.

거리를 걸어가면서 스마트폰을 사용하여도 뒤통수를 공격당해 빼앗기는 일도 없고, 보석점이 피습되는 일도 일상적이지 않고, 은행 창구는 열려 있어 방탄유리로 둘러싸인 부스에서 응대할 필요도 없습니다.

그런데 영국이나 이탈리아, 미국에서는 대도시라면 지금까지 기술한 내용의 일들이 태연하게 일어납니다. 신사 숙녀의 나라라고 일컬어지는 영국에서도 지금은 런던의 고급 주택지에서 자가용으로 아이들을 등하교시키는 중에 오토바이를 탄 강도에게 차량의 창이 부서지고 탑승자가 밖으로 끌려 나와 귀중품을 강탈당하는 일이 적지 않게 일어나고 있습니다. 또한, 중학교나 고등학교에서 폭력 사건이 자주 발생하여 공립 중고등학교의 선생이 되고 싶어 하는 사람이 줄어들고 있습니다.

이탈리아의 경우에는 여름휴가로 집을 비워두면 가재도구 일체를 도난당하는 일도 공공연히 벌어집니다. 자동차를 노상 주차하고 있으면 부품을 차례로 도난당하므로 열쇠가 달린 상자에 넣어두지 않으면 안 됩니다.

일본은 이러한 범죄를 신경 쓰지 않고 생활할 수 있어, 실로 안심되는 평화스러운 나라입니다. 도쿄도 그 치안의 양호함이 타의 추종을 불허하여, 지진이나 쓰나미(지진해일), 원전 등의 재해 리스크를 제외하면, 일본은 세계에서 가장 안전한 국가라고 봐도 무방합니다.

제4장

코미디!
만국 바보박람회

✿ 실제로 바보 취급당하는 세계의 국가들

　세계에는 일본 이외에도 바보 취급당하는 국가가 많이 있습니다. 그렇다기보다는 세계 중 어디에서나 타국을 대상으로 웃음 코드를 만들어 희화화하는 것이 보통입니다. 특히 블랙 조크를 좋아하는 유럽이나 미국은 일본의 감각이라면 깜짝 놀랄 만한 소재로 다른 나라를 웃음 코드화 합니다.

　그리고 왠지 모르지만, 동남아시아에서는 이웃 나

라를 희화화하거나 서로 헐뜯으며 웃음거리로 삼는 경우는 그다지 없습니다. 그렇게 된다면 정말로 충돌이 일어날 수 있는 상황이 되며 대수롭지 않은 것으로 심각한 논란의 대상이 될 가능성이 있다는 것이 가장 큰 이유입니다.

한편 유럽은 서로의 국가가 근접해 있고 1차대전과 2차대전으로 동남아시아와는 비교가 안 될 정도로 분쟁이 반복적으로 일어났습니다. 국경선의 변화도 빈번했던 탓으로 문화나 언어가 복잡하게 얽혀있는 곳입니다.

그러한 과거의 역사로 인해 다양한 국가와 국가 간의 충돌도 많아 스트레스와 어려운 상황에 있었음에도 다양성을 발휘하여 국가 간 서로가 평온하게 무사히 지내오고 있습니다. 평소에 서로 단도직입적으로 서로의 불만을 표시하거나 비꼬기로 상대 국가를 경시하지 않는 정도로만 김 빼기를 하는 점이 큰 충돌을 피할 수 있었던 요건이겠지요. 직장에서도 약간의 잡담이나 회식 자리에서 조크를 서로 주고받음으로 긴장을 푸는 경우가 자주 있습니다.

유럽의 여러 나라나 미국도 마찬가지입니다. 그리고 항상 웃음거리의 대상이 되는 대표국의 하나는 세계에서 제일 부유한 미국입니다. 그런 미국의 희화화를 가장 즐기는 나라는 유럽 사람들입니다만, 유독 미국에 관해서는 실제로 체험한 것들이 조크를 넘어서는 경우가 적지 않습니다.

아래에 몇 가지 소개하겠습니다. 더욱이 4장에서는 한 박자 쉬어가는 정도의 가벼운 기분으로 즐겨주시기 바랍니다.

✿ 미국인이 말하는 바보 같은 질문

이하는 미국 인터넷 게시판 'Reddit'의 'WTF America'라는 스레드(Thread)에 투고된 미국인이 하는 바보 같은 질문의 답글에서 선별, 편집한 것입니다. 'WTF America'의 WTF는 What the fuck를 간략화한 것입니다. 하기와 같이 URL을 게재해 두겠습니다.

https://www.express.co.uk/life-style/life/697152/dumb-question-americas-ask-brits-reddit

미국 뉴멕시코에 있는 작은 호텔에 머물렀던 적이 있는데 그 호텔의 미국인에게 나는 영국에서 왔어라고 했다. 그랬더니 그 사람은 나에게 "당신 영어 할 줄 알아?"라고 묻는 거야. 그런데 그 사람은 그 질문이 뭐가 잘못됐는지도 모르는 것 같았다.

* I am very smart 씨의 댓글

만남 앱에서 만나 데이트하게 된 미국인에게 영국 출신이라고 말했더니 "영국에는 총이 없는데 어떻게 2차대전에 참전할 수 있었던 거야? 미국인이 도와줘서 참전한 거지."라는 질문을 받았다.

*Bobby Munson 씨의 댓글

미국인 브리트니는 웨이트리스의 서비스를 받으며 무척 진지한 얼굴로 "스코틀랜드에는 나무가 있어?"라고 묻는 것이다. 단지 확인하고 싶었을 뿐이라며….

✿ 유럽에서는 트럼프 대통령도 괴롭힘 대상인 캐릭터

　미국인의 바보스러움을 웃음거리나 농담 상대로 하는 것은 실은 영국뿐만 아니라 유럽대륙에서도 일반적인 일입니다.

　유럽에서 보면 미국은 경제적으로는 훨씬 부유한 나라이지만 돈만 있는 벼락부자 촌뜨기라는 이미지가 강하게 남아있습니다. 그런 이유도 있어서인지 미국의 참신함과 풍요를 농경하는 한편 문화적으로는 유럽 쪽이 우월하다는 의식이 강한 사람들이 대부분입니다. 그런 미국에 대해 애증이 소용돌이치는 유럽 사람들이 한순간 귀를 의심하게 하는 것은 트럼프 대통령의 등장이었습니다.

　상대편을 향해 Twitter에서 공격을 걸거나 가짜 뉴스로 잘못된 정보투성이의 발언을 하거나 반복합니다. 결국에는 이민 단속이라는 과격한 발언 등이 유럽에서도 다양한 기삿거리가 되고, 드디어 미국인의 진짜 모습을 대표하는 리더의 등장이라며 크게 기뻐했습니다.

　그런 상황에 유럽에서 마구잡이로 관심이 쏠린 것이 트럼프 대통령의 캐치프레이즈인 'America First'

에 대해 나의 나라는 두 번째면 안 되느냐는 패러디 영상입니다.

　유럽의 각국에서는 코미디 프로그램에 아마추어들이 경쟁적으로 영상을 만들고, 그것을 온라인에 올리는 형태가 유행하게 됩니다.

❂ 근린 유럽제국도 웃음의 대상

　재밌는 것은 미국을 농담 대상으로 하지만 일상적으로 적대하고 있는 근린 유럽 국가들도 웃음 소재로 하고 있다는 것입니다. 다음 페이지에 기재한 사이트 영상을 보면 유럽에 있어서 최근 어느 나라들이 사이가 나쁜지 잘 알 수 있습니다.

＊ America First–The Netherlands Second Donald
　Trump Zondag met Lubach
　〈미국 1등, 네덜란드 2등〉
　https://www.youtube.com/watch?v=ELD2AwF
N9Nc
　다음과 같이 영상을 요약한 것을 소개해 두겠습니다.

네덜란드 정부의 메시지입니다.

어서 오십시오. 네덜란드 소개 영상 속으로~.

우리나라의 창시자는 오라녜공 빌럼 1세였습니다.

스페인 사람과 싸웠던 것입니다. 하지만 스페인 사람은 최악.

80년이나 싸웠는데 우리를 이기지 못하였습니다.

상대가 안 됐지요. 스페인 사람은 정말로 루저.

뭐 그래도 다 죽고 없으니까?!

우리는 네덜란드어를 할 수 있답니다. 유럽에서 최고의 언어지요. 최고의 말이지 말입니다.

다른 언어는 전부 큰 실패!

특히 덴마크어. 그건 완전 실패.

게다가 독일어는 진정한 언어가 아니다. 엉터리!! 가짜라니까?!

☻ 덴마크, 네덜란드, 미국의 삼각관계?!

* Denmark second Denmark Trumps The
  Netherlands at being no.2
  〈덴마크 2등〉
  https://www.youtube.com/watch?v=ryppmnD
bqJY
  위와 같이 영상을 요약한 것을 소개해 두겠습니다.

덴마크 정부의 메시지입니다.

어이 도널드. 북쪽에서 온 덴마크입니다.

덴마크인, 즉, '데니쉬'에 대해서 말하고 싶습니다. 데니쉬는 영어로는 빵(데니쉬 페이스트리)이라는 의미지만 그렇다고 여기서 빵을 의미하는 것은 아닙니다. 맛있습니다만. 그래도 한 번 맛보시길 바랍니다. 최고입니다.

그럼 덴마크에 대해서… 네덜란드는 잊어도 됩니다.

그들은 형편없거든요. 어쨌든 덴마크는 미국을 좋아하니까요. 그런데 네덜란드는 Netherlands와 Hollands 두 개가 있어 바보 같아요. 어느 것으로든 정해야 하지 않을까.

(생략)

미국은 자유의 여신(Statue of Liberty)이 있지만, 덴마크에는 리틀 미메이드(Little Mermaid, 인어공주)가 있지요. 리틀 머메이드라고 해도 실제로는 거대하지요. 당신들의 손이 큰 것처럼 거대한 건가?

리틀 머메이드는 전설에서 유래한 것으로 안데르센이라는 사람이 글로 써 사람들에게 꿈과 희망을 전해주기 위해 꾸며 낸 이야기지만 당신(트럼프)이 꾸민 이야기처럼 말이야. 하지만 안데르센은 140자(주: 트위터의 최대문자 수)로는 안 됐던 것이지. 최악의 루저지요. 슬프군요.

네덜란드처럼 우리(덴마크)에게도 나무 풍차가 많이

있지만, 네덜란드처럼 초 조잡한 풍차는 아니지.

그들은 최악이야. 우리는 말이야 최신식 발전 풍차로 친환경 에너지를 만들고 있거든. 발전 풍차를 뒤집으면 석유를 퍼 올릴 수도 있거든. 석유는 좋은 거지요.

우리나라는 미국을 최고로 만들기 위해 항상 힘을 쏟고 있거든. 국가에서 가장 큰 에너지 회사 DONG을 골드만 삭스에 팔아넘겼거든….

✿ 세계에서(?) 작은 바보로 칭해지는 폴란드인

영국에서 유머에 관한 연구를 하는 학자 Christie Davies에 따르면 왠지 세계 각국에는 폴란드인을 대상으로 하는 조크가 있다고 합니다.

폴란드인을 건드리는 유머 코드가 늘어나게 된 것은 18세기부터 19세기에 걸쳐 많은 폴란드인이 미국으로 이주했기 때문입니다. 미국인이 꺼리는 일을 맡아 하게 되면서 조크가 급증한 것 같습니다. 어느 국가에 특정의 국가로부터 이민자 급증으로 인해 인종 차별 스트레스 조크가 급격히 증가하게 되는데 이것은 일상생활에서 다른 문화와의 충돌을 조크로 승화하여 스트레스를 해소하려는 것입니다.

폴란드는 국가의 붕괴 때문에 18세기부터 유럽 여러 국가나 미국, 오세아니아로 많은 이민자를 보내게 되었고 각국에 폴란드인을 얕보는 웃음거리 조크가 생기게 되었습니다. 아래와 같이 하나의 보기입니다.

Q: 전구 교체하는데 몇 명의 폴란드인이 필요하나?
A: 5명. 한 사람은 전구를 교체해야 하고 4명은 의자 네 귀퉁이를 잡고 있어야 하거든.

❁ **네덜란드인과 프랑스인은 벨기에인을 매우 싫어함**

폴란드와 같이 다른 나라로 이주하게 된 많은 이주민을 상대로 조크가 생기게 된 전형적인 사례는 벨기에입니다.

벨기에는 영국, 프랑스, 독일의 유럽 3대국 한가운데에 있습니다만, 타국으로부터 지배와 독립이 반복된 복잡한 역사가 있고 북부 네덜란드어계의 프랑스어계 지역과 남부 프랑스어계 지역이 존재하며 하나의 나라 안에 두 개의 언어와 문화가 공존하고 있습니다. 다른 언어권의 대립은 어느 시대에도 뿌리 깊게 박혀있습니다.

벨기에의 경우는 국정 선거를 프랑스어권과 네덜란드어권으로 별도로 실시될 정도입니다. 이렇게 다양하고 복잡한 역사가 있기에 벨기에를 얕보는 조크가 많이 생기게 되었습니다. 특히 프랑스와 네덜란드는 이런 벨기에인을 상대로 웃음거리로 만드는 것을 매우 좋아하나 봅니다.

아래와 같이 하나의 보기입니다. 두 사람의 벨기에인이 트럭을 운전 중에 다리에 도착하면 높이 제한 최대 4m라는 경고문이 있었다. 트럭에서 내려 트럭 높이를 재어보니 6m였다.

Q: 어쩌지?
A: 근처에 경찰도 없는데 뭐 그냥 가자.

Q: 벨기에인 해적은 어떻게 구분해?
A: 양쪽 눈에 안대를 하고 있어.

Q: 벨기에 엄마들은 아기 목욕물이 너무 뜨거우면 어떻게 해?

A: 장갑을 끼지.

Q: 벨기에 우유 팩에는 뭐라고 쓰여 있어?

A: 집에 도착하면 열어봐

　이상으로 벨기에인은 바보라는 조크였습니다.

Q: 벨기에인은 20년 안에 네덜란드와 전쟁을 할까?

A: 그렇게 되면 벨기에인은 가까스로 네덜란드 조크를 이해하게 되겠지?

　이것은 벨기에인에게는 블랙코미디가 없다는 풍자의 조크입니다.

　벨기에 건설노동자가 관리자에게 가서 왈롱 지역(남부)의 강한 사투리로 말했습니다.

노동자: 감독관님. 감독관님. 삽이 부러졌습니다.

관리자: 뭐 정말이야?

노동자: 네 어떡하죠?

관리자: 음 그러면 필요 없지, 트럭에 좀 더 가까이 가도록….

벨기에 왈롱 지역의 노동자는 도움이 안 돼…. 라는 조크입니다. 한편, 벨기에에도 그에 지지 않을 정도로 네덜란드나 프랑스를 조롱하는 조크가 있습니다.

Q: 네덜란드의 모든 레시피는 어떻게 시작해?

A: 우선 6개의 달걀을 빌린 다음 200g의 밀가루와 500cc의 우유를….

네덜란드에는 네덜란드식 팬케이크 정도 외엔 유명한 게 없고 요리도 단조로울뿐더러 네덜란드 사람은 구두쇠라 달걀조차도 빌린다는 조크입니다.

Q: 어째서 네덜란드에는 수많은 벨기에 관련 조크가 있지?

A: 싸니까.

네덜란드인은 구두쇠라 싼 거를 좋아한다는 조크입니다.

Q: 왜 프랑스는 화장실(toilettes)이라는 단어를 복수형으로 사용하는데 벨기에의 프랑스어권에서는 단수형(toilette)으로 사용하지?

A: 왜냐면 프랑스에서는 깨끗한 화장실을 찾으려면 여러 곳의 화장실을 사용해봐야 하기 때문이야! 프랑스의 화장실은 불결한 것으로 유명합니다.

❂ 작은 바보를 만드는 웃음 감각이 발군인 영국인

유럽에서는 국가 간 서로를 비웃는 것뿐만 아니라 자국 사람을 유머 코드로 삼는 문화도 있습니다. 일본 감각으로 표현하자면 다른 현에 사람이나 다른 시, 군, 읍 사람들 얼굴에 대고 바보 취급하는 개그를 말하고 큰 웃음거리가 되면 위축되는 경우가 다반사….

그래도 아래와 같은 개그는 일본에도 분명히 존재합니다.

- 나고야 사람 주식은 새우튀김
- 군마(군마현)는 미개발지
- 북 규슈에서는 기관총으로 항쟁하는 일이 일상적
- 북해도 사람은 모두 통나무집에서 살며 북방 여우랑 시시덕거린다.
- 사이타마현에서는 현 경계를 넘어온 동경사람의 여권을 확인한다.

일본에는 같은 국내에서 이러한 현민 조롱하기가 있습니다만 유럽의 국민 조롱하기에 관해서는 미온적이지 않고 과격한 표현이 많고 그에 더해서 유럽에서는 상대국의 사람 얼굴에 대놓고 말하기도 합니다.

국민 조롱하기가 더욱 과격한 나라는 뭐라 해도 영국일 것입니다. 영국은 유머 감각이 유럽 중에서도 뛰어나 블랙코미디로 일상적인 대화의 각 상황에 블랙코미디가 흩뿌려져 있다고 해도 과언이 아닐 것입니다. 그래서 저도 쓴웃음을 제공하지 못하면 대화에 낄 수 없는 적이 있습니다.

멍청한 역할과 태클 거는 역할이 관서지방 사람들보다 훨씬 빠르고 월등하여 주고받는 대화가 마치 퍼즐을 맞추고 있는 것 같습니다. 이러한 감각은 미국인이나 일본인은 거의 이해할 수 없는 것으로, 대화 내용 그 자체를 그대로 받아들여 몹시 분노하고 노여움에 수개월 동안 침울한 채로 지내게 되는 경우가 많이 있습니다. 짓궂은 영국인은 그런 외국인의 모습을 보며 살짝 행복해하고 있습니다.

✿ 영국은 4개의 민족국가가 집결한 연합국

이러한 영국이지만 영국이라는 국가는 실제로 하나의 국가가 아닙니다. 잉글랜드, 웨일스, 스코틀랜드, 북아일랜드라는 민족국가가 집결하여 연합국을 형성하고 있는 국가입니다. 각 민족국가는 원래 다른 문화와 언어를 가지고 있는 전혀 다른 나라였습니다만 여러 차례의 침략과 전쟁을 통해 현재에는 하나의 국가로 합치게 되었습니다.

그렇다고는 하나 각각 다른 나라이었기에 영국 의회 이외에 스코틀랜드에는 스코틀랜드 의회가 있고 지폐도 스코틀랜드 독자로 별도 화폐가 있습니다. 언어 또한 스코틀랜드와 웨일스는 본래 켈트계의 영향이 강한 독자적인 언어를 가지고 있어 영어와는 이질적인 언어체계입니다.

현재에도 학교에서 선조 대대로 이어온 언어를 가르치고 있는 곳도 있습니다. 특히 웨일스는 웨일스어 보전에 힘을 쏟고 있습니다. 이러한 면은 종교에서도 마찬가지로 스코틀랜드에 오래전부터 전해져온 종교는 킬트 문화와 북구 바이킹의 영향을 매우 많이 받은 일본의 신도(일본 고유의 민족종교)와 같이 토착 신앙이 주류였습니다. 그러므로 스코틀랜드는 지금까지 성탄절이 아닌 섣달그믐날에 대대적으로 축하 행사를 합니다.

스코틀랜드에서는 섣달그믐날을 호그머네이(Hogmanay) 라고 부릅니다. 섣달그믐날의 축하 행사는 주로 불을 이용하므로 기독교적이지는 않습니다. 이러한 풍습은 불로 악령을 태워 쫓아낸다고 하는 중세부터 내려온 켈트 족과 바이킹의 전통이 깃들여져 있습니다.

저는 가족과 잠깐 스코틀랜드에 거주한 적이 있어 스코틀랜드의 섣달그믐날을 체험했습니다만, 그 분위기는 일본 신도의 설날과 매우 비슷한 느낌을 받았습니다. 북부에 있는 애버딘셔 주 스톤하븐이라 하는 어촌의 불놀이 축제를 보러 간 적이 있습니다만 아주 캄캄하고 매우 작은 항구를 지름 50cm 정도의 불꽃을 든 남자들이 행진합니다. 쇠사슬에 연결된 불꽃은 머리 위로 빙글빙글 돌리며 행진하다가 마지막에는 바다에 던져버립니다. 이 모습은 언뜻 일본의 마쓰리(축제)와 비슷한 느낌을 받았습니다. 이러한 호쾌한 축제는 잉글랜드에는 없고 불을 사용하는 의식 같은 것도 없습니다.

일상생활에서도 민족국가의 대립은 상당히 뿌리 깊은 것으로, 때로는 문화적 문제나 정치적으로 문제화되기도 합니다.

❀ 잉글랜드 내부에 뿌리 깊은 남북문제

현재 영국의 부유함은 대부분 잉글랜드에서 만들어진 자금으로 웨일스, 스코틀랜드, 북아일랜드 3개국은 잉글랜드에서 막대한 지방교부금을 지원받고 있습니다. 그렇기에 잉글랜드로서 경제적 이익도 없고 3개국으로부터의 공헌도 기대할 수 없으므로 어서들 좀 독립해, 라고 생각하는 사람들도 적지 않습니다.

그러한 상황인데도 불구하고 그들 지역은 잉글랜드를 향하여 독자적 법률을 인정하라, 보조금을 더 올려라, 우리들의 문화를 더욱더 인정하라고 주장하고 있어 잉글랜드로서도 좀 화가 나는 상황입니다.

하지만 원래부터 따로따로였던 나라들을 잉글랜드가 침략한 것으로 떳떳하지 못한 배경이기에 강하게 말 못 하는 이유입니다. 거기에 잉글랜드 내부에도 지역 간의 대립이 있습니다.

그중에 가장 두드러진 것은 잉글랜드 내부의 남북 문제라고 말할 수 있습니다. 예전부터 중공업이 발달한 북부는 1970년대 이후 일이 거의 없어 수입이 없는 잉글랜드의 빈곤 지역이 모여 있습니다. 산업은 공공사업만 있고, 마치 일본의 과소화(過疎化)된 지방 상황과 닮아있습니다만, 북부의 젊은이들 대부분은 일과 부를 찾아 남부와 해외로 이주하는 경향이 늘고 있습니다.

북부는 중공업이 번성하기 전부터도 상당히 빈곤한 지역이었으며, 상업 같은 산업도 없으므로 남부보다 부를 축적하지 못했습니다. 그리하여 예술가나 문학가도 그다지 없으며 음식 문화나 예술도 거의 발달하지 못했습니다. 이러한 남북문제를 소재로 한 조크는 잉글랜드에서 자주 듣게 됩니다.

✿ 영국의 국가 특색을 표현하는 유명한 조크

이렇게 다른 국가가 모여 탄생하게 된 연합국이라는 배경과 좁은 잉글랜드에서조차도 남북문제라는 어려운 문제를 안고 있는 상황으로 상호 간의 강한 알력을 해소하기 위해 평소에 유머를 통해 서로 간에 말장난을 계속 이어가는 것이 고조된 불만이나 긴장을 푸는 김 빼기 유머가 되었습니다. 아래와 같이 영국 특색을 바로 보여주는 것으로 유명한 조크입니다.

Q: 스코틀랜드 상공을 날고 있다는 것을 어떻게 알아

A: 화장실 휴지가 빨랫줄에 널려 있거든.

　　스코틀랜드사람은 구두쇠라는 것을 강조하는 조
크입니다.

Q: 어째서 스코틀랜드 북부 사람은 콩 페이스트(콩을
　　삶아 물기를 빼서 곱게 갈아 놓은 것)를 좋아하는 거야?

A: 둥근 콩을 포크 뒷면에 올리지 못하니까.

　　이것은 북부 스코틀랜드사람은 멍청하다는 조크
입니다.

　　더불어 스코틀랜드 북부에서는 완두콩 등의 콩은
페이스트로 하여 햄이나 고기 육수와 섞어 주식 대
신으로 하거나 음식에 함께 주로 곁들여 먹습니다.

Q: 북부 사람은 언제 북쪽에서 남쪽으로 경계선은
　　넘었다는 것을 알지?

A: 왜냐하면 남부 사람들은 누가 병에 걸리지 않았
　　는데 선반에 과일이 있기 때문이야.

　　이것은 북부 사람은 가난한 데다가 구두쇠라서 과
일을 누가 아프지 않으면 사지 않는다는 조크입니

다. 남부는 풍족하므로 식생활도 부족함이 없어 과일을 사는 데 어려움이 없기 때문입니다.

✪ 영국 전국에서 바보 취급당하는 요크셔인

Q: 어째서 영국에서는 요크셔 출신인지를 물으면 안 되는 거지?

A: 왜냐하면 질문을 받은 사람이 요크셔 출신이 아니면 '모욕당했다.' 생각하고 반대로 요크셔 출신이었다면 '이미 말했잖아.'라는 선입견이 지배하기 때문이지.

이것은 요크셔사람이 영국 전국에서 바보 취급받는 존재인 동시에 요크셔 사람은 멍청이라는 조크입니다.

어느 요크셔 출신 남자의 부인이 사망하였습니다. 그래서 그는 부인의 비석에 당신은 '당신의 것(Thine)' 이었다고 새겨 놓으려 했습니다. 그는 석공을 불러 장례식이 끝나고 며칠 후에 비석을 주문하였습니다. 그의 요청대로 석공은 비석이 준비되었으니 보러 오시라고 전했습니다.

남자가 석공이 부른 곳에 가보니 비석에는 그녀는 '말라 있었다(Thin).'라고 새겨져 있던 것입니다. 그걸 보고 이봐 당신 대체 뭐야. "e가 빠졌잖아!"라며 무척 화를 냈습니다. 석공은 사죄하고 "내일 아침까지 고쳐 놓겠습니다."라고 했습니다. 다음날 그는 석공에게 갔습니다. 그는 큰소리로 "아, 그녀는 말라 있었다(E, she were thin)."라고 읽었습니다.

요크서 사람은 사투리가 심한 데다가 멍청해서 석공에게는 Thine이 Thin으로 들린 데다가 e를 넣어 고치라는 말을 석공이 너무나도 멍청해서 비석에 새겨 놓을 글귀의 첫 글자에 e를 넣었다는 조크였습니다.

미국인 여행자가 잉글랜드를 방문하였습니다. 주요 도시의 대성당과 교회가 무척 맘에 들었습니다. 세인트 폴 대성당을 시작으로 많은 교회를 둘러보았습니다. 이 여행자는 멋진 건축물을 견학하면서 교회 안에 황금 전화가 있는 것을 발견합니다. 지나가는 사람에게 저 황금 전화기의 존재 이유를 물어보니 신에게 직통으로 전화할 수 있고 사용요금은 5천만 파운드라는 것입니다.

그는 놀라 사진만 찍고 다음 장소로 이동하였습니

다. 그런데 링컨 대성당에도 같은 황금 전화기가 있는 것을 발견하고 또 물어봅니다. 그러자 "저것은 신과 직접 통화할 수 있는 전화기이며 사용료로 5천만 파운드를 내야 합니다."라고 하는 것입니다. 그는 다시 한번 놀라 사진만 몇 장 찍는 것만으로 만족하고 다음 장소로 발길을 옮겼습니다.

계속해서 맨체스터와 브리스톨 등의 방문하는 여러 곳의 교회에서도 마찬가지로 황금 전화기가 놓여있었고 신과 통화하기 위해서는 5천만 파운드를 지급해야 한다는 것입니다.

마지막으로 요크셔에 도착하였습니다. 그리고 세필드 대성당으로 향하였습니다만 거기서도 황금 전화기를 보게 됩니다. 그런데 전화기 옆에 사용료는 10펜스라고 적혀 있는 것입니다. 그는 '앗!' 하고 놀랐습니다. 거기에 있는 사제에게 어느 교회에도 황금 전화기가 다 놓여 있었습니다만, 모두 사용료가 5천만 파운드라고 들었습니다. 그런데 여기에 있는 전화기에는 이렇게 적혀 있는지 물어보았습니다. 그러자 사제는 여기는 말이죠. 요크셔라서 그래요. 즉 시내 통화라는 것이지요.

요크셔사람은 심한 구두쇠라, 다른 지역에서는 신

과 통화하기 위해서 5천만 파운드(약 75억 엔)를 내어 놓아도 아깝지 않은 사람이 많지만, 요크셔 사람은 10펜스(약 15엔)밖에 낼 수 없다는 것이었습니다.

✿ 아일랜드인은 바보라는 조크

유럽에서도 가장 유명한 현지 조크라면 아일랜드인을 대상으로 하는 것입니다. 특히 잉글랜드인, 웨일스인, 스코틀랜드인은 아일랜드인을 대상으로 삼는 것은 매우 좋아합니다.

아일랜드는 영국 식민지였을 때 식료품 보급의 많은 어려움을 겪었던 사람들이 잉글랜드와 웨일스, 스코틀랜드로 이주하게 되었습니다. 오랫동안 잉글랜드의 강권적인 지배를 받아왔고 정치적 문제를 끌어 앉으며 왔기에 이러한 정보를 통해 서로의 긴장감을 완화하려 했던 것으로 보입니다. 다음과 같이 아일랜드를 소재로 한 일반적인 조크입니다.

아일랜드 남자가 미국에 가서 바에서 위스키 샷 세 개를 주문했습니다. 바텐더는 "세 개의 샷을 한 잔에 담아 드릴까요?"라고 물었습니다. 그러자 아일랜드 남자는 "아닙니다. 저는 형이 두 명 있습니다만 그들은 귀국했기 때문에 저는 바에 올 때마다 형들 분도 주문합니다."

그다음 주에 아일랜드 남자는 위스키 샷을 두 개만 주문했습니다. 그래서 바텐더가 물었습니다.

"형님들에게 무슨 일이 있습니까?"

아일랜드 남자는 대답했습니다.

"아니요! 두 형 중의 한 명이 술을 끊었답니다."

아일랜드 사람은 바보라고 하는 조크였습니다.

❂ 서로가 웃어주는 것은 건강함의 증명

소개해 드린 바와 같이 다른 나라에서는 서로가 웃어주거나 조크나 비웃기 등으로 서로 장난치는 것은 극히 당연한 일입니다. 그 내용의 온도 차로 좀 놀라시는 분들도 많이 있으시리라 생각됩니다.

그러나 다른 한편으로 이러한 조크는 대상이 되는 쪽에서도 '하하' 웃어넘기면 그만이고, 심각한 충돌을 막기 위한 점에서도 매우 좋습니다. 서로가 조크와 비웃기를 하는 동안은 그래도 관계가 나쁘지 않다는 뜻입니다.

그런데 최근에 좀 걱정되는 것은 영국의 EU 탈퇴에 관한 조크가 그다지 많지 않으며 상당히 감정적이며 진지하게 각자의 의견이 나오고 있다는 것입니다. 또한, 유럽의 난민 문제에 관한 소재를 조크로 하는 경우가 거의 없습니다. 조크의 대상이 되면 차별한다는 것으로 크게 문제화가 될 우려가 있기 때문이겠지요. 이러한 점은 그렇게 좋은 징후는 아니라고 생각합니다.

즉, 유럽의 모든 국가의 사람들이 조크로 다루지 못할 정도로 문제가 심각해지는 것이 되어 웃어 넘겨버릴 여유가 없어졌다는 것이기도 합니다.

한편으로 일본에 관련해서는 엉뚱한 발명이나 별난 것들을 TV나 잡지에 게재하여 아하하 웃어넘긴다는 것은 일본을 그렇게 웃음 소재로 해도 상태가 위험해지지 않으므로 괜찮다는 국가라는 증거이며, 매우 좋은 일입니다. 이는 핵미사일을 발사해버리는 국가였다면 그렇게 웃음거리 소재로서 취급할 수 없기 때문입니다. 그 국가의 관용과 우수함을 증명하는 데에는 다른 국가의 사람들에게 웃음거리가 될 소재를 제공하고 아하하 웃어주는 것도 중요합니다.

제5장

새로운 시대의
일본인이 되기
위해서

✿ 세계에서 칭송되는 일본인에 대해서

본서에서는 일본인의 이상한 부분이나 세계가 우습게 보는 것을 주로 소개해 왔습니다만, 그 한편으로는 세계에서 칭송받는 일본인이라는 사실도 당연지사, 다수 존재한다는 것입니다.

그 분야로서 우선 예를 들 수 있는 것은 일본의 '예술가'입니다. 일본인은 자국의 우수한 부분을 어필하고자 부득불 기술이나 경제적 측면을 강조하고 싶어 합니다만, 실제로 외국에서는 일본의 기술이나 경제 분야보다 오히려 예술이나 문화적인 측면이 아주 높게 평가되고 있습니다.

단, 좋은 평가를 받는 점이 일본인이 주목하고 있는 문화와는 약간 다르다는 것이 포인트입니다. 일본인은 긍지를 갖고 세계적으로 훌륭한 인물이나 문화는 제대로 이해 못 하고 있으며, 소중하게 느끼지 못하고 있습니다.

예를 들어, 미술 회화의 세계에서, 19세기에 일본 판화가는 유럽과 미국 예술가들에게 끼친 영향은 실제로 산업혁명 이상의 기량이었습니다. 서양 화가들의 기존의 표현방식과는 완전히 다른 기법과 색채의 표현 방법이 예술계에 새로운 바람을 일으키게 되었고, 곧 세계적 예술가들은 일본작품을 모방하여, 그 영향은 지금까지도 남아있습니다. 이처럼 일본 예술에 관한 관심도는 현재에도 바뀌지 않았고, 최근 영국에서 개최된 일본 춘화, 일본 판화 관련 전시회는 모두 대인기였습니다.

그 예로 대영박물관에서 개최된 춘화 전시회는 관람자의 긴 대기 줄을 이뤘습니다. 일본의 예술 전시회는 언제나 매우 인기가 있고, 특히 현대 예술가인 쿠

사마 야요이(조각가 겸 설치미술가)의 인기도는 일본 국내의 두 배 정도라 해도 과언이 아니라 봅니다.

✹ 해외에서 특별히 평가가 높은 일본 영화

다음으로 일본인이 그 영향력을 그다지 인지하지 못하는 것은 일본의 영화입니다.

유럽과 미국의 Amazon DVD 섹션을 보면 예술, 영화 장르에서 일본 영화가 많이 판매되고 있음을 알 수 있습니다. '놓치지 말아야 할 고전 영화'에서도 일본 작품은 반드시 있다고 할 정도로 자리를 차지하고 있습니다.

이러한 점은 iTunes를 봐도 알 수 있습니다. 세계적으로 유명한 고전 영화를 클릭하면 같은 영화를 본 사람은 동시에 일본 영화도 많이 보고 있다는 것을 알 수 있습니다. 구로사와 아키라(영화감독)와 오즈 야스지로(영화 감독)의 작품은 유럽이나 미국의 영화 애호가들은 꼭 봤을 거라고 말할 수 있을 정도로 인기가 있습니다.

그런데 일본의 Amazon을 봐도 iTunes를 봐도 구로사와 아키라 작품을 그다지 보이지 않습니다. 왜인지 국내보다 해외에서 높이 평가되고 있습니다.

구로사와 아키라(영화 감독)와 오즈 야스지로(영화 감독)의 작품뿐만 아니라 나루세 미키오(영화 감독)의 작품이나 특수촬영 시리즈, 게다가 「의리 없는 전쟁」 등의 작품은 실제로 해외의 영화 애호가들에게 큰 영향을 끼치고 있습니다. 이러한 작품도 어떤 이유인지 유럽이나 미국 쪽이 구매가 쉽고, 보고 있는 사람도 많습니다.

일본 영화는 유럽이나 미국의 작품과는 표현 방법이나 주제가 완전히 다르므로, 좋은 의미로 매우 개성이 있다는 점이 그 이유일 것입니다.

해외의 사람들이 보기에 이러한 작품을 소박하게 창출해 내는 일본 영화인을 매우 존경하고 있습니다. 실제로 외국에서 대화를 나누다 보면, 일본 특유의 개성이 넘치는 영화를 봤다며 대화가 활기를 띠게 되는 적도 가끔 있습니다.

✿ 유럽에서는 일본 만화나 애니메이션이 인기가 높음

게다가 예술 관련으로, 일본 만화나 애니메이션의 문화적 영향력은 이제 상상 이상의 것입니다. 인터넷 보급 때문에 일본 콘텐츠는 선진국뿐만 아니라 남미나 아프리카에도 넓게 퍼져 있습니다. 그 영향력은 예사롭지 않습니다.

예를 들어, 중동이나 유럽의 어지간한 광고지나 패키지에 일본 애니메이션을 방불케 하는 일러스트(삽화)가 곳곳에 등장합니다. 내친김에 말하자면, 티브이 광고에도 이건 일본만화의 영향을 받았다고 추측되는 표현들이 많이 나옵니다. 더욱이 유럽의 경우, 20년 정도 전까지 만화의 세계는 프랑스식 만화나 아메리칸 만화가 주류를 이루고 있었습니다만, 최근 들어서는 일본 만화가 한 분야로서 확립되었고, 일본식 만화를 그리는 작가도 등장하고 있습니다.

프랑스나 이탈리아, 스페인에서는 일본만화나 애니메이션은 큰 인기를 얻고 있으며, 프랑스의 경우는 학생의 왕래가 잦은 거리는 만화전문점에 번역된 일본 만화가 대량으로 즐비하게 진열되어 있습니다. 진열되는 속도도 빠르며, 소규모의 만화도 번역되어 있으므로, 일본에서 온 분들은 깜짝 놀라실 것입니다.

이렇게 번역된 일본만화는 도서관에도 장서에 보관되어 있고, 프랑스나 이탈리아보다 인기가 덜한 영국조차도 대형서점의 만화 진열대에 일본 만화가 상당히 진열되어 있습니다. 시골도 마찬가지로 일본 만화가 진열대에 놓여 있을 정도이며, 1권에 천엔 가까이하는 만화를 구매하는 사람들이 있습니다.

애니메이션이나 만화는 시장의 규모로서는 그렇게 크다고 할 수 없을지 모르지만, 이러한 일본 콘텐츠는 일본식의 사고나 풍습 등을 베이스로 줄거리가 만들어졌습니다. 이야기에 등장하는 풍경이나 식문화, 복장, 건물 등도 일본 만의 모습입니다. 이러한 일본의 우수한 콘텐츠를 무척 어릴 적부터 해외의 사람이 접하고 구매하고 있다는 것은 실로 대단한 것입니다.

미국의 할리우드 영화가 세계적으로 미국의 이미지를 보급하고, 정착시킨 것처럼 일본만화나 애니메이션의 사고방식과 문화를 세계적으로 넓혀가고 있는 것입니다.

✸ 일본 셰프는 본국보다 해외에서 평가가 높음

더욱이 예술 이외에도 일본보다 해외에서 평가가 높은 일본인이 많이 있습니다. 예를 들면 비즈니스 계에서는 높게 평가되는 사람으로 소프트뱅크 그룹 손정의 사장이 아닐까요?

지금은 일본을 대표하는 기업가라 하면 손정의 사장입니다. 의사 결정의 속도도 빠르고, 착안점이 매우 유니크하여 세계의 투자가들이 주목하고 있습니다.

1980년대 일본에서는 소니의 이부카 마사루씨나 혼다의 혼다 소이치로 씨가 일본을 대표로 하는 기업가로서 해외 사람들에게 유명했습니다. 그러나 뭐라고 해도 현재의 일본에서는 다양한 IT 기업에 대규모 투자를 해왔던 손정의 사장을 능가할 만한 기업인은 없습니다.

게다가 좀 더 로컬 레벨에서 주목받는 일본인도 꽤 있습니다. 미국, 유럽에서 최근 주목되는 일본인으로 이름이 알려진 건 '요리사'입니다. 특히 프랑스에는 높이 평가받는 일본인 셰프가 모여 있습니다. 일본의 직업 정신과 섬세한 음식의 감각은 많은 이들에게 알려져 있고, 일본인 셰프가 있는 식당이라 하면 안심하고 갈 수 있다고 생각하는 외국인도 적지 않습니다. 이렇게 해외에 있는 일본 요리사 대부분은 본국 일본에서는 이름이 알려지지 않았습니다만, 현지에서는 매우 인기가 있습니다.

이처럼 일본인이 해외에서 평가받는 경우, 일본에서 행하는 '일본 대단해.'라며 일본을 홍보하려는 시점과는 약간 포인트가 다릅니다. 해외 사람들은 그 일본인이 애국심이 있는지 등의 것은 상관없고, 그 개인의 감성이나 솜씨에 관심을 표시합니다. '일본이라서 대단해.'라는 것은 절대 아닙니다. '일본 대단해.'에 취해 있는 사람들은 '일본인이기에 대단해.'라며 강조하려 합니다만, 실은 대단한 것은 그 본인이므로, 일본인이라 대단한 것은 아니라는 것을 이해하길 바랍니다.

즉 보아야 할 것은 그 사람이 어디에 소속되어 있는 것이 아니라 그 사람, '개인'입니다.

✿ 바보로 취급받지 않는 일본인이 되는 방법

지금까지 일본인의 문제점을 다방면으로 지적했습니다만, 앞으로 세계에서 일본인이 바보 취급받지 않기 위해서는 어떻게 해야 할까요? 그러기 위해서는 일본인의 좋은 점은 부각하고, 문제점은 개선해 나아가야 할 필요가 있습니다. 앞으로 일본인에게 있어서 중요하다고 생각되는 것은 이하와 같은 사항입니다.

바보로 취급받지 않는 방법 ①_ 본질을 꿰뚫어라

본서의 앞쪽 편에서 지적한 거와 같이 일본인은 형식적인 면에 치우쳐 본질을 무시하는 경향이 너무나도 많다고 생각합니다. 전혀 필요 없는 서류를 계속해서 만들거나, 쌀쌀하게 느껴지는 날씨인데도 불구하고 계절이 여름이라는 이유만으로 하복 입기를 고집한다거나, 아무도 필요 없다고 생각하는 모임을 계속한다거나, 거의 대다수 사람이 동의하는데도 회사에서 재택근무를 도입하려 하지 않는 등과 같은 것입니다.

잘 생각해보면 실로 무의미하고, 불필요한 것이

많습니다만, 일본인은 '지금까지 그렇게 해 왔으니까.'라든가 '타인으로부터 비판받는 것은 겁나니까.'라는 것으로, 전제를 붙인 반론이 없었다. 이것은 개개인의 일본인이 본인만 비판의 대상이 되기 싫다는 생각 때문입니다.

즉, 그것은 '비겁한 사람'이 많다는 것입니다. 모두가 그런 상황을 멈추지 않기 때문에 본인뿐만 아니라 타인도 어려움을 겪고 있는 것입니다. 정말로 작은 용기라도 내어 이것은 본질적인 면에서 생각해보면 필요 없는 것이므로 멈춰야만 하고, 이러한 방법으로 해보자는 뜻을 개개인이 어필하고 제안한다면 변화가 생기지 않을까요.

우선, 그 전 단계로서 자기 자신의 생활을 뒤돌아보고, 잘못된 점은 시정하고, 자신이 좋아하는 일만 하는 것도 절대 나쁘지 않다고 봅니다.

바보로 취급받지 않는 방법 ②_ 소속에 집착하지 마라

일본인은 외국인을 볼 때도 일본인 자체를 볼 때도 그 사람의 직함이나 어디에 소속되어 있는 사람인지를 보려는 나쁜 습관이 있습니다. 그러나 너무 이런 것에 치우치다 보면 살아가는데 낭패를 보게 될 것입니다.

상대의 본질을 파악해야 하는 기회를 놓치게 될 것이고, 사람과 만날 기회에도 문제가 생길 것입니다. 그렇게 된다면 마음을 터놓고 자유롭고 활발한 토론도 거의 불가능합니다. 상대의 소속이나 직함이라든가 나이 등과 같은 것에 상관없이 느긋하고 대범한 마음으로 여러 사람과 교류하는 것에 힘쓰고 노력하다 보면 일본도 조금씩 변화하게 될 것입니다.

우선, 그 전제로서 예를 들면 자신이 누군가의 발언을 인터넷이나 신문 등을 통해 열람했을 경우 과연 나는 그 사람이 주장하고 있는 것 자체에 감탄하고 있는지, 그렇지 않으면 그 사람의 직함과 소속을 확인한 후 발언 내용에 납득하고 있는지를 자신에게 물어볼 필요가 있겠지요.

바보로 취급받지 않는 방법 ③_ 타인과 자신은 다르다는 마음가짐

일본인이 외국인과 교류할 때 실패하는 것 중 하나는 '상대가 일본인 자신과 같은 행동을 하고 같은 사고를 하지 않을까?'라고 착각하는 것입니다.

자란 환경이나 문화권이 다르면 일본인과는 생각

이 다를 수도 있다는 것을 알아야 합니다. 때론 완전히 다른 사고방식일 경우도 있기에 느끼는 감정도 사물을 보는 관점도 다르다는 것을 염두에 두어야 합니다.

이런 점은 외국인에만 한정되지 않고 일본인 사이에서도 마찬가지입니다. 같은 언어를 사용하고 같은 문화에서 자란 사람이라 할지라도 개개인의 사고나 감성이 다른 경우가 종종 있습니다. 인생관이나 기호가 다른 것처럼 말입니다.

상대가 자기와 같다는 착각에 타인과의 일상적인 생활에서 트러블이 줄지 않는 것입니다. 더욱이 상대에게 자신의 가치관이나 사고방식을 강요하게 된다면 서로가 불편한 관계가 되는 결과를 초래하게 될 것입니다.

상대와 서로를 완전히 이해한다는 것은 거의 불가능한 일이며, 자신과는 다른 인간이고 다른 존재이기 때문에 행동양식이나 사고방식의 차이가 나는 것은 당연지사라고 생각을 바꾸면 인생이 상당히 편해지지 않을까요.

해외 사람이 일본인처럼 세세한 인간관계로 고민하지 않는 것은 애초부터 자신과 다르다는 인식이 있기에 상대가 같은 행동을 하지 않는 것에 낙담하지 않기 때문입니다. 처음부터 기대하지 않으므로 실망도 없는 것이지요.

바보로 취급받지 않는 방법 ④_ 자신을 갖고 행동하자

일본인이 해외 사람들로부터 우습게 보이는 것은 자신감 없는 행동이나 말투 때문입니다. 일본인에게는 주변 사람을 배려하는 행동이 겸손한 것이라는 문화가 있어 아무래도 자신감 없는 모습으로 보이게 됩니다.

그런데 많은 나라에서는 '나는 멋지다!'라고 자신 있게 행동하는 사람들이 많습니다. 기본적으로 일본인은 전체적으로 교육 수준이 높고 학습 의욕도 높은 사람이 많으므로 기초능력이 높고 인격도 훌륭한 사람이 적지 않습니다. 자신의 그런 능력이나 학습 의욕 등의 수준이 높다는 점을 적극적으로 어필하여 '나는 멋진 사람입니다.'라는 식으로 평소에 스스로가 당당해지면 됩니다.

'나는 멋지다.'라고 생각하고 있으면 그것이 태도나 표정으로도 나타나게 됩니다. 그와 같이 활기 넘치는 자세는 타인이 느끼기에도 상당히 좋아 보입니다. 나아가서 자신뿐만 아니라 주변 사람들에게도 적극적으로 칭찬해주시기 바랍니다.

'언령(言靈)'이라는 단어가 있습니다만 이것은 말에 담긴 신기한 영력으로써 말한 그대로 된다는 능력이 있다는 뜻입니다. 즉, 빈번하게 사용하는 말이 결국 현실로 된다는 것입니다.

좋은 말을 하면 주위도 밝아지게 되고 본인의 기분도 좋아집니다. 사람에게 무언가를 받으면 "감사합니다."라는 인사와 업무나 집안일을 할 때 친한 사람과 가족에게 적극적으로 칭찬해주고 하면 본인도 기쁘고 자신감도 생기게 될 것입니다.

바보로 취급받지 않는 방법 ⑤_ 감성을 연마해라

유감스럽게도 앞으로 일본은 저출산 고령화로 국가 경제력뿐만 아니라 희망 그 자체도 축소되고 있습니다. 그리고 쇼와시대(1927년 말~1989년 초)와 비교해보면 일본의 존재가치는 점점 줄어만 갈 것입니다.

그렇다고는 하지만 지금의 시대가 옛날과 결정적으로 다른 것이 있습니다. 그것은 지식집약형의 경제가 주류로 된 것에 더해져 인터넷이 예전보다 더 보급된 덕택으로 인해 산업혁명에 필적할 만한 시대의 변

혁이 일어나고 있는 것입니다. 즉, 현대는 물질이 아니라 지식이나 감성 등이 중요하게 되었습니다. 왜냐하면, 구글이나 애플을 보면 알 수 있듯이 세계를 지배하는 것은 큰 공장이나 생산설비를 보유하고 있는 조직이나 사람이 아니라 전 세계의 사람들에게 새로운 가치를 창출하며 지식을 제공해주는 것, 또한 감성을 어필하는 것이 중요하고 소중하기 때문입니다.

예를 들어, 구글의 경우는 검색엔진이나 다양한 툴을 통해 전 세계의 사람들에게 새로운 지식이나 사고방식을 무상으로 공여하고 있습니다. 또한, 애플은 누구나 사용하기 쉬운 고기능 하드웨어를 제공하는 것으로 구글과 함께 사람들이 정보에 엑세스 하는 방법을 근본적으로 변화하게 하였습니다.

특히 최근 젊은 사람들에게 있어서는 일례로 가수나 연예인이 어디에 소속되어 있는지 어디 출신인지 등은 이미 관계없습니다. You Tube 등 동영상 사이트에서 자신의 감성에 어필하는 재미있는 콘텐츠를 제공해주는 사람이라면 개인이든 어느 기획사에 소속해 있든 어떤 나라 사람이든 관계없습니다.

최근에 생긴 일로 피코타로(고사카 다이마오) 씨의 예를 들 수 있습니다. 피코타로씨의 동영상은 전 세계에서 크게 히트 쳤습니다만, 그가 일본의 어느 극단에 소속되어 있는지를 신경 쓰는 사람은 거의 없었습니다. 단지 재미있고 자기 나라에 있는 개그맨과는 전혀 다른 감성을 제공해주는 점이 인기를 끌었던 것입니다.

여기에는 앞으로 일본을 위한 큰 힌트가 많이 숨겨져 있습니다. 저출산 고령화로 나라 경제 규모는 축소 일변도에 있다고 해도 개개인의 감성에 어필이 가능하다면 큰 영향력을 가지는 것이 가능할 것입니다. 훌륭한 예술이나 세련된 전통문화, 만화나 애니메이션과 같은 매우 세련된 표현을 만들어 내는 힘을 가진 일본인이 우수한 문화를 발신해 간다면 세계에서 영향력 발휘는 아직 가능합니다. 거기에 관해서는 구주 각국이 좋은 예가 될지도 모릅니다.

예를 들면, 프랑스나 영국은 경제 규모로 본다면 중국이나 미국에 전혀 미치지 못하지만, 문화에 관해서는 상당한 영향력을 유지하고 있습니다. 중국이 노력해도 중화요리가 프랑스 요리처럼 세계 각국의 공식 만찬회에 나오는 적은 없습니다. 또한, 영국과 같이 중국이 다수의 록밴드를 만들어 내지 못할 것입니다. 아무리 돈이 있다고 해도 역사 있는 문화를 만들어 내지 못합니다. 그런데 일본에는 이미 상당한 강점이 있습니다.

예를 들면, 오랜 세월의 전통문화도 만화도 애니메이션도 쉽게 복사하지 못하기 때문입니다. 이러한 점을 평소 염두에 두며 활동해 간다면 일본의 미래는, 아직 밝다고 확실하게 단언할 수 있습니다.